阅读中国 · 外教社中文分级系列
Reading China SFLEP Chinese Graded Readers

U0558613

总主编 程爱民

6208级
"爱情天梯"

Stairway to Love, with 6208 Steps

三级主编 胡晓慧

编 者 于倩 吴亚

三级
5

上海外语教育出版社
SHANGHAI FOREIGN LANGUAGE EDUCATION PRESS

主编的话

　　每个学习外语的人在学习初期都会觉得外语很难，除了教材，其他书基本上看不懂。很多年前，我有个学生，他大学一年级时在外语学院图书室帮忙整理图书，偶然看到一本《莎士比亚故事集》，翻了几页，发现自己看得懂，一下子就看入了迷。后来，他一有空就去图书室看那本书，很快看完了，发现自己的英语进步不少。其实，那本《莎士比亚故事集》就是一本牛津英语分级读物。这个故事告诉我们，适合外语学习者水平的书籍对外语学习有多么重要。

　　英语分级阅读进入中国已有几十年了，但国际中文分级教学以及分级读物编写实践才刚刚起步，中文分级读物不仅在数量上严重不足，编写质量上也存在许多问题。因此，在《国际中文教育中文水平等级标准》出台之后，我们就想着要编写一套适合全球中文学习者的国际中文分级读物，于是便有了这套《阅读中国·外教社中文分级系列读物》。

　　本套读物遵循母语为非中文者的中文习得基本规律，参考英语作为外语教学分级读物的编写理念和方法，设置鲜明的中国主题，采用适合外国读者阅读心理和阅读习惯的叙事话语方式，对标《国际中文教育中文水平等级标准》，是国内外第一套开放型、内容与语言兼顾、纸质和数字资源深度融合的国际中文教育分级系列读物。本套读物第一辑共 36 册，其中，一——六级每级各 5 册，七—九级共 6 册。

　　读万卷书，行万里路，这是两种认识世界的方法。现在，中国人去看世界，外国人来看中国，已成为一种全球景观。中国历史源远流长，中国文化丰富多彩，中国式现代化不断推进和拓展，确实值得来看看。如果你在学中文，对中国文化感兴趣，推荐你看看这套《阅读中国·外教社中文分级系列读物》。它不仅能帮助你更好地学习中文，也有助于你了解一个立体、真实、鲜活的中国。

程爱民

2023 年 5 月

目录

1 大学生村官

　　春天的下午，走进河北省沙河市大康村，可以看见村子里的女人们围着坐在一起，忙着制作布鞋。一双双布鞋在女人们的手里完成以后，从大康村送出大山，送到北京、上海等大城市的商场和超市里。

　　几年来，大康村通过制作布鞋，发生了很大的变化。村民们都说，这是因为村子里来了一个好村官。村民们口中的好村官就是27岁的大学生——赵　鹏。

　　2014年，赵鹏大学毕业了，开始找工作。他幸运地得到了在城市工作的机会，同时也被选上了去大康村当村官。他不知道应该留在城市还是去农村。后来，他了解到，大康村在沙河市西北部的大山里，交通很不方便，村民们每年的收入大概只有一千多元钱，是一个贫困村。跟家人商量以后，赵鹏决定到大康村工作，他下决心，一定要想办法让村民们富起来。

　　到大康村以后，赵鹏去了每个村民的家里，跟他们谈话，了解他们的生活需要和困难。他了解到，村里的女人都会制作布鞋。这个发现，让他十分高兴。"如果有市场需求，我们也有这样的手艺，这不就是让村民们富起来的好办法吗？"找到方向的赵鹏立刻开始到处联系。

2

　　他找到了一家公司的总经理，并且把他带到村里参观。很快，大康村和这个公司建立了合作关系。

　　布鞋制作出来了，但是没有想到布鞋不合格，送到公司以后又被退回来了。和工厂里加工的鞋子相比，村民制作的布鞋显得很粗糙。赵鹏只好到公司去学习技术，并带回来几双标准的鞋子。回村后，他把有手艺的村民叫到一起，把制作方法教了一遍又一遍。大康村制作的布鞋终于合格了。

　　现在，大康村制作的布鞋不但达到了标准，而且越做越好。村民们靠自己的技术，收入大大提高了。赵鹏想让村民们富起来的愿望实现了，可是他并不感到满足。他觉得，大康村的经济要得到长期的发展，还要试试走别的道路，比如旅游、农业什么的。

这几年来，越来越多的大学生到农村工作，他们希望用学到的知识为村民服务。很多像赵鹏这样的年轻人，到农村以后，给村民们带去了新知识、新方法和新观念。

本级词

村 cūn | village

围 wéi | to surround

制作 zhìzuò | to make

布 bù | cloth

双 shuāng | pair (measure word)

城市 chéngshì | city

发生 fāshēng | to happen

变化 biànhuà | change

开始 kāishǐ | to start

幸运 xìngyùn | lucky

被 bèi | by (preposition)

农村 nóngcūn | countryside

每 měi | every

大概 dàgài | probably

只有 zhǐyǒu | only

决定 juédìng | to decide

决心 juéxīn | determination

富 fù | rich

谈话 tánhuà | to talk

需要 xūyào | need

困难 kùnnan | difficulty

市场 shìchǎng | market

需求 xūqiú | demand

立刻 lìkè | immediately

联系 liánxì | to contact

并且 bìngqiě | and, also, moreover

把 bǎ | used when the object is placed before the verb and is the recipient of the action (preposition)

建立 jiànlì | to establish

合作 hézuò | cooperation

关系 guānxì | relationship

合格 hégé | qualified, up to standard

退 tuì | to retreat, to give back

工厂 gōngchǎng | factory

加工 jiāgōng | to process

相比 xiāngbǐ | to compare with

显得 xiǎnde | to look, to seem, to appear

只好 zhǐhǎo | have to

技术 jìshù | technology

标准 biāozhǔn | standard

终于 zhōngyú | finally

达到 dádào | to achieve

愿望 yuànwàng | desire, wish, aspiration

并 bìng | to emphasize a negation

满足 mǎnzú | to satisfy

经济 jīngjì | economy

长期 chángqī | long-term

发展 fāzhǎn | development

农业 nóngyè | agriculture

希望 xīwàng | to hope

观念 guānniàn | sense, idea, concept

超纲词

村官 cūnguān | village official

毕业 bìyè | to graduate, to finish school

了解 liǎojiě | to understand, to get to know

贫困 pínkùn | poor, impoverished

手艺 shǒuyì | craft, crafts manship

总经理 zǒngjīnglǐ | general manager

粗糙 cūcāo | crude, rough, coarse

练 习

一、 根据文章判断正误。

Tell right or wrong according to the article.

（　　　）1. 大康村在沙河市的东北部。

（　　　）2. 大康村的交通很不方便。

（　　　）3. 赵鹏毕业后没找到在城市的工作。

（　　　）4. 赵鹏的父母不知道他要去大康村当村官。

（　　　）5. 大康村和公司的第一次合作没有成功。

（　　　）6. 赵鹏想让村民们富起来的愿望实现了，他感到很满足。

（　　　）7. 这几年来，越来越多像赵鹏这样的大学生村官到农村去工作。

（　　　）8. 大学生村官可以给村民们带去新知识和新观念。

二、选词填空。

Fill in the blanks with the words given below.

A. 决心   B. 制作   C. 发生   D. 退

E. 被   F. 建立   G. 决定   H. 达到

1. 这几年，大康村 _____ 了很大的变化。

2. 村子里的女人们围着坐在一起，忙着 _____ 布鞋。

3. 赵鹏 _____ 选上了去大康村当村官。

4. 跟家人商量以后，赵鹏 _____ 到大康村工作，他下 _____，一定要想办法让村民们富起来。

5. 大康村和这个公司 _____ 了合作关系。

6. 村民们制作的布鞋不合格，送到公司以后又被 _____ 回来了。

7. 现在，大康村制作的布鞋不但 _____ 了标准，而且越做越好。

三、根据文章回答问题。

Answer the questions below according to the article.

1. 赵鹏为什么决定到大康村工作？

_____

2. 赵鹏让村民们富起来的好办法是什么？

_____

3. 村民们制作的布鞋不合格，赵鹏是怎样帮助大家的？

_____

2 骑车游中国，
探寻"中国梦"

浙江大学有一位叫岳凯涵的德国留学生，骑着一辆自行车，从黑龙江漠河北极村，一直骑到海南三亚，一共骑了5 800公里。

德国人为什么取了"岳凯涵"这个中文名字？"这个中文名是我朋友给我取的。他觉得'岳凯涵'很适合我的性格，觉得我是个乐观、有好奇心的人。"

2011年，岳凯涵第一次来到中国，在成都学习了一年中文。他来中国的目的很简单，就是想来看看。中国的一切对他来说都是新鲜的，就连用筷子都是在成都学会的，因为在德国不需要用筷子。

2015年，岳凯涵来到浙江大学，成为中国学专业的研究生。除了在课堂上学习书本知识以外，老师也希望学生多出去进行社会调查。

研究生一年级时，岳凯涵就有了"骑遍中国"这个目标。开始，他也怕这样会影响学习，但当他把这个想法告诉老师时，老师立刻支持了他的想法，而且还帮助他顺利申请到了一笔经费。为了早点儿实现这个目标，他更加努力，只用一年时间就学完了所有的课程。

为了这个骑行计划，岳凯涵早早儿地开始准备。"出发前两个月，我每个周末都会去杭州周围骑行，从30公里到50公里再到80公里，后来从杭州骑到了上海。这个时候我觉得自己准备好了。"

2016年5月1日，岳凯涵告别了学校的老师和同学，骑着自行车开始了这次旅

行。他从<u>黑龙江</u> <u>漠河</u>骑到<u>海南</u> <u>三亚</u>，经过了<u>黑龙江</u>、<u>内蒙古</u>、<u>吉林</u>、<u>辽宁</u>、<u>北京</u>、<u>天津</u>、<u>河北</u>、<u>河南</u>、<u>湖北</u>、<u>湖南</u>、<u>广西</u>、<u>海南</u>12个省市、自治区。

路上，他的自行车出过多次问题，他基本都能自己解决。在他的大背包里，装了各种修车工具，还有手机、相机、换洗衣服等。

<u>岳凯涵</u>的钱不多，每天只能花大约100元。吃当地的食物，穿路边随便买的衣服，住小旅馆或者当地人家里，第二天继续骑上车出发，这就是<u>岳凯涵</u>的日常。

<u>岳凯涵</u>觉得自己这一路很顺利。"<u>中国</u>有许多好心人，"他说，"有一次自行车坏了，我修不好，也找不到旅馆，有好心人就让我晚上住在他们家。"

让他印象很深的是在<u>河南</u> <u>郑州</u> <u>陈家沟</u>遇到的一位武术老师。"这个人很有意思，请我去他家住。他原来是一个工程师，后来觉得这个工作他不喜欢，然后去了<u>东南亚</u>，学到了很多东西。回来以后，他把自己家改造成武术学校，给小孩子上课。"

<u>岳凯涵</u>的毕业论文题目是《<u>老百姓</u>的中国梦》，一共85页，31 000多个英语词语，写的都是这次旅行中的人和事。"在<u>中国</u>，经常会听见'<u>中国</u>梦'，我比较好奇，一路上我问了许多人，他们的<u>中国</u>梦是什么。"

<u>漠河</u> <u>北极村</u>的一位饭店老板，她的<u>中国</u>梦是帮助当地的老年人，提高他们的

生活水平；广西 阳朔 的一位工人，希望工资每年都能增加；一位长春大学计算机系的学生的中国梦是实现个人理想，做一个对社会有用的人……"每个人都有不同的中国梦，但有一个共同点，他们都有着努力实现梦想的乐观态度。"

岳凯涵想把他在中国的经历，把他眼中的中国梦，写成一本书，送给所有帮助过他的人。

本级词

游 yóu | to travel	修 xiū | to repair
适合 shìhé | to fit, to suit	工具 gōngjù | tool
性格 xìnggé | character, personality	大约 dàyuē | about, approximately
乐观 lèguān | optimistic	当地 dāngdì | local
简单 jiǎndān | simple	旅馆 lǚguǎn | hotel, motel
一切 yíqiè | all, every, everything	继续 jìxù | to continue
连 lián | even	日常 rìcháng | daily routine
专业 zhuānyè | major	印象 yìnxiàng | impression
除了 chúle | except, besides	深 shēn | deep
社会 shèhuì | society	武术 wǔshù | martial art
调查 diàochá | investigation	工程师 gōngchéngshī | engineer
时 shí | when, the time	改造 gǎizào | to reform
目标 mùbiāo | target	题目 tímù | title, subject, topic, exercise problems
立刻 lìkè | immediately	老百姓 lǎobǎixìng | ordinary people
支持 zhīchí | to support	比较 bǐjiào | comparatively
为了 wèile | in order to	好奇 hàoqí | be curious
更加 gèngjiā | even more	老板 lǎobǎn | boss
课程 kèchéng | curriculum, course	工资 gōngzī | wages, salary
周围 zhōuwéi | around	增加 zēngjiā | to increase
告别 gàobié | to leave, to bid farewell to	系 xì | department, faculty
基本 jīběn | basically	个人 gèrén | personal
解决 jiějué | to solve	共同 gòngtóng | common
各种 gèzhǒng | various, all kinds of	经历 jīnglì | experience

超纲词

探寻 tànxún | to seek

梦 mèng | dream

好奇心 hàoqíxīn | curiosity

新鲜 xīnxiān | new, fresh

学会 xuéhuì | to learn

研究生 yánjiūshēng | postgraduate, graduate
     student

本 běn | book (a classifier for book)

申请 shēnqǐng | to apply for

经费 jīngfèi | funds

多次 duō cì | many times

背包 bēibāo | knapsack, backpack

好心人 hǎoxīnrén | good-hearted person

遇到 yùdào | to encounter

论文 lùnwén | thesis, dissertation

梦想 mèngxiǎng | dream

练 习

一、根据文章判断正误。

Tell right or wrong according to the article.

（　　）1.“岳凯涵”这个名字是他的中文老师给他取的。

（　　）2. 岳凯涵在成都学会了用筷子。

（　　）3. 2015年，岳凯涵去浙江大学读研究生了，专业是中国学。

（　　）4. 岳凯涵从上海骑到乌鲁木齐，经过了12个省市、自治区。

（　　）5. 路上，岳凯涵的自行车出过多次问题，总要去修车店修车。

（　　）6. 岳凯涵觉得中国有很多好心人，自己的旅行很顺利。

（　　）7. 广西阳朔的一位工人，他的梦想是帮助当地老年人。

（　　）8. 每个人都有不同的中国梦，但共同点是他们对实现梦想的态度都
     很乐观。

二、选词填空。

Fill in the blanks with the words given below.

A. 时　　　　　　B. 连　　　　　　C. 简单　　　　　D. 适合

E. 经历　　　　　F. 为了　　　　　G. 除了　　　　　H. 印象

1. 朋友觉得"岳凯涵"很_____我的性格。

2. 他来中国的目的很_____，就是想来看看。

3. 中国的一切对他来说都是新鲜的，就_____用筷子都是在成都学会的。

4. 研究生一年级_____，岳凯涵就有了"骑遍中国"这个目标。

5. _____在课堂上学习书本知识以外，老师也希望学生多出去进行社会调查。

6. _____早点儿实现这个目标，岳凯涵更加努力。

7. 让他_____很深的是在河南郑州陈家沟遇到的一位武术老师。

8. 岳凯涵想把他在中国的_____，把他眼中的中国梦，写成一本书。

三、根据文章回答问题。

Answer the questions below according to the article.

1. 岳凯涵为了实现"骑遍中国"这个目标，做了哪些努力和准备？

_____

2. 岳凯涵这次旅行中的日常是什么样的？

_____

3. 岳凯涵为什么觉得自己这次旅行很顺利？

_____

4. 岳凯涵介绍了三位老百姓的中国梦，你还记得是什么吗？

_____

3 网红主播副县长

* 图片中的人物非本文主人公。

2020年，贺娇龙 (Hè Jiāolóng) 因为一段骑马的视频走红了，成为一位网红主播。走红的原因，一方面，是她骑的马很漂亮，人也长得漂亮，一人一马在雪地上形成了美丽的图画；另一方面，是她的职业很特别——昭苏 (Zhāosū) 县的副县长，在政府部门工作的公务员。

你可能会好奇：副县长为什么要拍骑马的视频呢？因为，昭苏县是一个很少有人知道的地方，当地大量的产品不能及时地卖出去，因此，不得不利用直播的方式卖产品，贺娇龙就是被选中的主播。

昭苏县在中国的西部，北京时间十点是贺娇龙的上班时间。为了不影响正常工作，她只能利用上班前的几个小时直播，介绍产品。开始的时候，她每一场直播只能卖几千元，后来一两万元，再后来十万、二十万元，好好儿准备一下，能卖出二三十万元的产品。

自从成为网红县长以后，贺娇龙每场直播能卖二百万元以上的产品，解决了几千人的就业问题，带动了当地的经济发展。而她的直播时间也从上班前变成了下班以后，有时要直播到半夜。从每个月直播四五场，到每个月12场。

刚开始面对观众的时候，贺娇龙很不习惯，不知道怎么表现，别人说一两句难听的话，她就会睡不着觉。现在她已经慢慢习惯了直播生活。一打开手机进行直播，她说话的速度就非常快，除了介绍产品以外，还会用各种网络词语与网友交流。网友通过直播慢慢了解了她的内心，直播做得不好的时候，网友也会直接指出来。

贺娇龙每天都坚持下班后自己拍视频，除了卖产品，她还会介绍家乡的旅游信息。这样的生活她已经坚持了两年多。

她说她很喜欢相信她、支持她的网友，她也一定会努力把自己家乡的产品、景色和文化通过直播间介绍给更多的人，同时也会帮助当地的农民，让他们过上更好的生活。

本级词

马 mǎ | horse

一方面 yìfāngmiàn | one side

形成 xíngchéng | to form

美丽 měilì | beautiful

图画 túhuà | picture

另一方面 lìng yìfāngmiàn | on the other hand

职业 zhíyè | occupation

部门 bùmén | department, branch

公务员 gōngwùyuán | government officials, public servant

拍 pāi | to take photo

及时 jíshí | in time, without delay

因此 yīncǐ | therefore

不得不 bùdébù | have no choice but to

利用 lìyòng | to make use of, to take advantage of

直播 zhíbō | to live broadcast, live broadcast

方式 fāngshì | way, mode

西部 xībù | western part

好好儿 hǎohāor | well

自从 zìcóng | since

就业 jiùyè | employment

带动 dàidòng | to drive, to bring power to

面对 miànduì | to face, to confront

观众 guānzhòng | audience

表现 biǎoxiàn | to show, to express

慢慢 mànmàn | slowly, gradually

速度 sùdù | speed

交流 jiāoliú | to communicate

内心 nèixīn | inward, heart

指出 zhǐchū | to point out

坚持 jiānchí | to insist

家乡 jiāxiāng | hometown

景色 jǐngsè | scenery

文化 wénhuà | culture

农民 nóngmín | peasant, farmer

超纲词

网红 wǎnghóng | internet celebrity

主播 zhǔbō | host, anchor

视频 shìpín | video

走红 zǒuhóng | to become popular and famous

县 xiàn | county

副 fù | vice-

政府 zhèngfǔ | government

产品 chǎnpǐn | product

与 yǔ | with

练 习

一、根据文章判断正误。

Tell right or wrong according to the article.

（　　）1. 贺娇龙是公务员，也是网红主播。

（　　）2. 贺娇龙走红的原因是她骑马骑得非常好。

（　　）3. 昭苏县一直很有名，人们都喜欢买那里的产品。

（　　）4. 贺娇龙利用上班以外的时间直播，所以不影响正常工作。

（　　）5. 成为网红县长以后，贺娇龙的直播时间从早晨变成了半夜。

（　　　　）6. 一打开手机进行直播，贺娇龙说话的速度就很慢，观众们都能
　　　　　　　听懂。

（　　　　）7. 贺娇龙直播做得不好的时候，网友会直接告诉她。

（　　　　）8. 除了直播卖产品以外，贺娇龙也拍视频介绍自己家乡的景色和
　　　　　　　文化。

二、选词填空。

Fill in the blanks with the words given below.

A. 表现　　　　　B. 因此　　　　　C. 就业　　　　　D. 交流

E. 坚持　　　　　F. 职业　　　　　G. 带动　　　　　H. 及时

1. 另一方面是贺娇龙的（　　　　）很特别——昭苏县的副县长，在政府部门工
　作的公务员。

2. 当地大量的产品不能（　　　　）地卖出去，（　　　　），不得不利用直播的方
　式卖产品。

3. 刚开始面对观众的时候，她很不习惯，不知道怎么（　　　　）。

4. 贺娇龙每场直播能卖二百万元以上的产品，解决了几千人的（　　　　）问
　题，（　　　　）了当地的经济发展。

5. 除了介绍产品以外，还会用各种网络词语与网友（　　　　）。

6. 贺娇龙每天都（　　　　）在下班后自己拍视频，介绍家乡的旅游信息。

三、根据文章回答问题。

Answer the questions below according to the article.

1. 贺娇龙为什么会走红？

_____

2. 贺娇龙为什么要当主播？

_____

3. 贺娇龙成为网红县长，对当地有哪些好处？

_____

4. 贺娇龙刚开始面对观众时是什么样的？现在呢？

_____

* 图片中的人物非本文主人公。

4 跟中国人结婚
的乌干达姑娘

*图片中的人物非本文主人公。

　　Rose是来到中国农村，跟中国人结婚的乌干达姑娘，也是一位网红，短短半年时间就有了450多万粉丝。

　　Rose为什么会到中国来，又是怎么成为网红的呢？

　　1993年，Rose出生于乌干达的一个农村家庭，和当地的许多年轻人一样，她很早就开始打工了。后来，她在一家中国人开的家具公司找到了一份工作，因此，她开始学习中文。

那时候，Rose觉得中国是一个现代又强大的国家，她希望能够有机会来到中国。她没有想到，将来的某一天，她真的实现了这个愿望，并且能在中国幸福地生活。

家具公司有一位来自浙江丽水（Líshuǐ）的中国姑娘。不久，Rose和她就成了无话不谈的好朋友。Rose工作能力强，人又善良，这让中国姑娘想到了还没有女朋友的哥哥，就向Rose介绍了他。Rose抱着试试的态度，在网上和中国姑娘的哥哥谈了起来。慢慢地，二人谈得越来越开心，每天都有让人欢乐的话题。

在Rose眼里，这个中国男子，虽然年纪比她大十多岁，但是性格很成熟。不久，他们就决定见面了。第一次见面，两个人一起逛街吃美食，相互印象都很不错，他们很快就确定了关系。在两人交往的时候，除了发送电子邮件进行联系以外，Rose还来过中国很多次。男朋友也一直在教她中文，短短三个月的时间，她的中文就达到了非常高的水平，日常交流完全没有问题。Rose和男朋友的感情越来越深，于是他们决定结婚。

2015年，Rose和男朋友在乌干达领了结婚证。一个月后，她跟爱人一起回到浙江丽水举办了婚礼。2016年，幸福的小家庭多了一个可爱的孩子。

2019年，因为孩子生病，Rose带着孩子回到了农村。她很快适应了农村的生活，她喜欢农村的天气，农村的自然景色，也喜欢猪、牛、羊这些动物。简单安静的农村生活让她感觉非常幸福，她就产生了在网上分享日常生活的想法。没想到，发了几条视频后，她意外地走红了。

让Rose走红的是她做中国菜的视频。会讲流利的普通话，还会做中国菜，这样的外国姑娘是不多见的，很快，不少网友都记住了这个来自乌干达的姑娘。

不得不说，Rose的中国菜做得很好。在她的视频里，大家可以看到她做菜的全部过程，很多时候，她还会一边做一边讲。很多网友都跟着她学起了做菜。Rose做菜的时候，孩子也会在一旁帮忙，配合得很好，常常让网友羡慕。

短短半年时间，Rose已经有450多万粉丝了。她一共发了145条视频，每一条视频的点赞量都很高。

Rose已经在中国生活了好几年，从只会说一点儿中文的乌干达姑娘到现在的网红，她的幸福生活仍在继续……

本级词

结婚 jiéhūn | to marry

姑娘 gūniang | girl

家具 jiājù | furniture

现代 xiàndài | modern

强大 qiángdà | powerful

将来 jiānglái | future

某 mǒu | certain

幸福 xìngfú | happily

能力 nénglì | capability

强 qiáng | strong

谈 tán | to talk, to date

欢乐 huānlè | joyous

话题 huàtí | topic

男子 nánzǐ | man

年纪 niánjì | age

成熟 chéngshú | mature

美食 měishí | delicious food

相互 xiānghù | mutual

确定 quèdìng | to define (a relationship)

交往 jiāowǎng | to contact

发送 fāsòng | to send

电子邮件 diànzǐ yóujiàn | email

感情 gǎnqíng | feelings

领 lǐng | to get

证 zhèng | certificate

举办 jǔbàn | to hold

适应 shìyìng | to adapt

天气 tiānqì | weather

自然 zìrán | nature

猪 zhū | pig

牛 niú | cattle

羊 yáng | sheep

产生 chǎnshēng | to generate

意外 yìwài | unexpected

过程 guòchéng | procedure

配合 pèihé | to cooperate

仍 réng | still

超纲词

粉丝 fěnsī | fans

无 wú | no

善良 shànliáng | kindness

逛 guàng | to stroll

于是 yúshì | hence, so, therefore

婚礼 hūnlǐ | wedding

分享 fēnxiǎng | to share

没想到 méi xiǎngdào | unexpectedly

一旁 yìpáng | by the side of

羡慕 xiànmù | to admire

点赞量 diǎnzànliàng | number of likes

练习

一、根据文章判断正误。

Tell right or wrong according to the article.

（　　　）1. Rose来自乌干达，现在是一名网红。

（　　　）2. Rose在网上认识了她的中国男朋友。

（　　　）3. Rose跟中国男朋友在2016年结婚。

（　　　）4. Rose和丈夫、孩子一家三口在中国浙江丽水生活。

（　　　）5. Rose中文很好，日常交流没问题。

（　　　）6. Rose因为分享在中国旅游的视频出名了。

（　　　）7. Rose的走红很意外。

（　　　）8. Rose会做很多中国菜。

二、选词填空。

Fill in the blanks with the words given below.

A. 深   B. 产生   C. 继续   D. 配合

E. 愿望   F. 不得不   G. 举办   H. 达到

1. 她没有想到，将来的某一天，她真的实现了这个_____，并且能在中国幸福地生活。

2. 短短3个月的时间，Rose的中文就_____了非常高的水平，日常交流完全没有问题。

3. Rose和男朋友的感情越来越_____，她决定跟男朋友结婚。

4. 一个月后，她跟爱人一起回到浙江丽水_____了婚礼。

5. 简单安静的农村生活让Rose感觉非常幸福，她就_____了在网上分享日常生活的想法。

6. _____说，Rose的中国菜做得很好。

7. Rose做菜的时候，孩子也会在一旁帮忙，_____得很好，常常让网友羡慕。

8. 从只会说一点儿中文的乌干达姑娘到现在的网红，她的幸福生活仍在_____……

三、根据文章回答问题。

Answer the questions below according to the article.

1. 乌干达姑娘Rose为什么会到中国来?

_____

2. Rose为什么在网上分享自己的日常生活?

_____

3. 网友为什么对Rose分享的视频感兴趣?

_____

4. Rose现在的生活怎么样?

_____

5 6208级"爱情天梯"

在重庆的四面山里，有一条长长的石梯，共6208级。

大山里有这么长的一条石梯，你可能会好奇：是谁修的？又费了多少工夫呢？

修这条石梯的人叫刘 国江（Liú Guójiāng），石梯是他一个人用一双手修出来的，目的只有一个——为了他妻子徐 朝清（Xú Cháoqīng）的安全。

刘国江和妻子很早就来到这里生活。山上的路走起来十分危险，妻子每次离开家，刘国江都怕她会不小心摔下去受伤。为了让路好走一些，刘国江开始修石梯，一修就是几十年。

他总是很早出门，带着修路工具、水和吃的，晚上才回家。一天、一个月、一年、十年、二十年……五十年过去了，他从一个小伙子变成了一个老头儿，她也从姑娘变成了老太太。

那些年，进山的人总是能听到"叮叮当当"的声音，但没有人想到，这是一位丈夫在给自己的妻子修石梯。这声音响了五十年，石梯也一级一级地增加到了6208级。

很多年以后，有人在山里发现了这条长长的石梯，人们来到了刘国江和徐朝清住的地方，听到了两个人的爱情故事。

那年，刘国江6岁，徐朝清16岁。他们第一次见面是在徐朝清的婚礼上，她给刘国江的印象是美丽的、动人的。

结婚十年后，徐朝清的丈夫去世了，她一个人养着四个孩子，日子十分困难。有一次，徐朝清的儿子掉进了河里，这时，一个小伙子飞快地跳了进去，把她的儿子救了起来，这个小伙子就是刘国江。当时刘国江16岁，徐朝清26岁，这是他们第二次见面。

落水事故以后，刘国江总去徐朝清的家里帮忙。这一帮忙，就是四年。刘国江的心就在徐朝清这儿，这么明显，徐朝清哪里能不知道呢？只是自己比他大10岁，还有四个孩子，徐朝清觉得自己没有资格跟刘国江在一起。刘国江19岁时决定带着她和四个孩子搬到山里生活。山里的人口不多，生活也很简单，徐朝清没有了反对结婚的理由。他们终于一起生活了。

人活着，总有离别。美丽的爱情也一样。

2007年冬天的一天，刘国江吃完晚饭后，突然倒在了地上。徐朝清喊着他的名字，但他没有一点儿反应。徐朝清害怕极了，她用上所有的力量，把丈夫放到床上，盖上了被子，她一动不敢动，眼泪流了下来。徐朝清知道，必须赶紧找人来，可是他们的孩子都住在山下的村子里。她走上了石梯，那是她第一次在这么黑的夜里走石梯，天下起了小雨，冷极了。

不知道摔了多少次，她来到了儿子家。儿子带着家里人上了山，把父亲送到医院。到了医院之后，刘国江仍是昏迷的状态，徐朝清一直拉着他的手没有离开。整整六天，刘国江没有醒，徐朝清也没有吃东西，她只有一个愿望，就是她的丈夫能够醒过来。

可是，刘国江还是走了。

徐朝清告诉自己的孩子："你爸葬在哪里，我将来就葬在哪里。"

孩子们把刘国江葬在了石梯的尽头，徐朝清仍然住在那里，陪着自己的丈夫。从那以后，人们把这条长长的石梯称为"爱情天梯"。

本级词

费 fèi | to take

工夫 gōngfu | effort

危险 wēixiǎn | dangerous

怕 pà | to be afraid of

受伤 shòushāng | to be injured

总是 zǒngshì | always

老头儿 lǎotóur | old man

老太太 lǎotàitai | old woman

增加 zēngjiā | to add

动人 dòngrén | moving

去世 qùshì | to pass away

跳 tiào | to jump

救 jiù | to save

事故 shìgù | accident

总 zǒng | always

心 xīn | heart

明显 míngxiǎn | obvious

只是 zhǐshì | just, merely

资格 zīgé | qualification

搬 bān | to move

人口 rénkǒu | population

反对 fǎnduì | to oppose

理由 lǐyóu | reason

活 huó | to live

突然 tūrán | suddenly

反应 fǎnyìng | to react

害怕 hàipà | to be scared, to fear

力量 lìliàng | strength

放到 fàngdào | to place at

被子 bèizi | quilt

敢 gǎn | to dare

下来 xiàlái | to come down

赶紧 gǎnjǐn | hurry to

父亲 fùqīn | father

状态 zhuàngtài | state

整整 zhěngzhěng | whole

仍然 réngrán | still

称为 chēngwéi | to be called

超纲词

梯 tī | staircase

妻子 qīzi | wife

摔 shuāi | to fall, to stumble

小伙子 xiǎohuǒzi | lad

丈夫 zhàngfu | husband

落 luò | to fall down

极 jí | extreme

盖 gài | to cover

眼泪 yǎnlèi | tear

昏迷 hūnmí | coma

醒 xǐng | to wake up

葬 zàng | to bury

尽头 jìntóu | end

陪 péi | to accompany

练 习

一、根据文章判断正误。

Tell right or wrong according to the article.

（　　）1. 刘国江和徐朝清第一次见面是在刘国江的婚礼上。

（　　）2. 刘国江跳进河里救了徐朝清的儿子。

（　　）3. 因为徐朝清比刘国江大，所以他们不能结婚。

（　　）4. "爱情天梯"修了三十年。

（　　）5. "爱情天梯"在中国重庆的四面山里。

（　　）6. "爱情天梯"是一条长长的石梯，有6208级。

（　　　）7. "爱情天梯"是刘国江和孩子们一起修的。

（　　　）8. 刘国江摔倒在了地上，送到医院就去世了。

二、选词填空。

Fill in the blanks with the words given below.

A. 状态　　　　B. 称为　　　　C. 危险　　　　D. 整整

E. 突然　　　　F. 明显　　　　G. 害怕　　　　H. 增加

1. 刘国江的心就在徐朝清这儿，这么_____，徐朝清哪里能不知道呢？

2. 山上的路走起来十分_____，妻子每次离开家，刘国江都怕她会不小心摔下去。

3. 这声音响了五十年，石梯也一级一级地_____到了6208级。

4. 刘国江吃完晚饭后，_____倒在了地上。徐朝清喊着他的名字，但他没有一点儿反应。

5. 徐朝清_____极了，她用上所有的力量，把丈夫放到了床上。

6. 到了医院之后，刘国江仍是昏迷的_____，徐朝清一直拉着他的手没有离开。

7. _____六天，刘国江没有醒，徐朝清也没有吃东西，她只有一个愿望，就是她的丈夫能够醒过来。

8. 从那以后，人们把这条长长的石梯_____"爱情天梯"。

三、根据文章回答问题。

Answer the questions below according to the article.

1. 刘国江和徐朝清是怎么认识的？

_____

2. 刘国江和徐朝清为什么要搬到山里住？

_____

3. 这条石梯为什么叫"爱情天梯"？

_____

6 老师，你好！

* 图片中的人物非本文主人公。

  2018年，<u>青青</u>（Qīngqīng）是湖北省恩施 <u>白沙坪</u>（Báishāpíng）小学六年级的学生。不过，她和其他同学不太一样，她已经很<u>久</u>没去上学了。因为<u>青青</u><u>得了</u>一<u>种</u>病，很<u>容易</u><u>骨折</u>。

  <u>青青</u>小时候，其他小朋友都在玩儿，她只能坐在门边看着；平时睡觉，家人要把她的腿用<u>板</u><u>夹</u>住，因为睡觉时不小心就骨折了。从5岁开始，<u>青青</u>每年要骨折一到两次。<u>由于</u>经常骨折，<u>青青</u>不能下地走路，更没法去学校上课，只能长期在家养病。幸运的是，一直有很好的老师帮助她。

这位老师就是白沙坪小学的老师袁 辉^{Yuán Huī}。听说青青的情况后，袁老师决定抽出时间，亲自到青青的家里给她上课。可是后来，袁老师被调去了另外一所小学，离青青的家很远。走路的话，一来一去需要一个小时。这样，袁老师去青青家上课就变得困难了。虽然袁老师还是坚持每个星期到青青家里上课，但是这样的方法短期内还能解决问题，长时间两头跑，怎么行呢?

就在这个时候，一位新的老师来了。这位老师很特别，它不是真人，是一套人工智能教学系统。2018年，一家人工智能公司开发了一个公益项目，目的是用先进的人工智能技术提高乡村教育的水平。他们带着几十台电脑来到了白沙坪小学，送了一台电脑给青青，并且教她怎么用电脑上网。

有了人工智能老师之后，青青学习起来可方便了。青青做了一个学习计划，规定了课前预习，课中学习，课后作业的时间。学习英语的时候，系统可以把读英语的声音录下来，然后青青可以反复播放自己的录音，发现问题。做完作业，系统还会给青青一个客观的评价。青青还可以在系统上参加考试，系统会把考试得分发到她的邮箱。要是青青不满意自己的成绩，可以重做一遍试题。这个系统还可以上美术课，青青学会了在电脑上画图。

青青说，自从她跟人工智能老师学习之后，学习效果非常好，学习积极性也提高了。数学和英语的成绩提高得特别快。以前很多知识点不太明白，需要背下来，现在都能理解了。这个系统如果有短处，可能就是离开了集体，有时候青青还是想跟同学、朋友说说话。

总的来说，人工智能教育的好处还是很多的。它可以让孩子根据自身的状况来制定学习计划，调整学习内容，培养自觉学习的能力，对经济发展比较慢的乡村地区的教育特别合适。

本级词

久 jiǔ | for a long time

种 zhǒng | kind

容易 róngyì | easily

板 bǎn | board

由于 yóuyú | because

情况 qíngkuàng | situation

亲自 qīnzì | personally

调 diào | to move, to transfer

另外 lìngwài | in addition

所 suǒ | a classifier for school, hospital

短期 duǎnqī | short term

开发 kāifā | to develop

先进 xiānjìn | advanced

台 tái | a classifier for machine or equipment

规定 guīdìng | to stipulate

预习 yùxí | to preview

录 lù | to record

反复 fǎnfù | repeatedly

播放 bōfàng | to play

录音 lùyīn | recording

客观 kèguān | objective

评价 píngjià | to evaluate

得分 défēn | score

邮箱 yóuxiāng | mailbox

重 chóng | again

试题 shìtí | test questions

美术 měishù | fine arts

图 tú | figure

效果 xiàoguǒ | effect

积极性 jījíxìng | motivated, positive

理解 lǐjiě | to understand

短处 duǎnchù | demerit

集体 jítǐ | collectiveness

总 zǒng | overall

自身 zìshēn | oneself

状况 zhuàngkuàng | state

制定 zhìdìng | to formulate, to make

调整 tiáozhěng | to adjust

内容 nèiróng | content

自觉 zìjué | conscious

地区 dìqū | region

超纲词

得了 déle | to catch

骨折 gǔzhé | to fracture

夹 jiá | to clamp

抽 chōu | to spare

人工智能 réngōng-zhìnéng | artificial
  intelligence (AI)

系统 xìtǒng | system

公益 gōngyì | public welfare

项目 xiàngmù | project

乡村 xiāngcūn | countryside

根据 gēnjù | according to

培养 péiyǎng | to cultivate

练 习

一、根据文章判断正误。

Tell right or wrong according to the article.

（　　　）1. 青青因为生病，很久没去学校上课了。

（　　　）2. 袁老师听说后，让青青到他的家里来上课。

（　　　）3. 因为袁老师调到了另外一所学校，所以不能给青青上课了。

（　　　）4. 青青的新老师是一台电脑。

（　　　）5. 跟着人工智能老师学习，青青的学习效果很好，但学习积极性不太高。

（　　　）6. 跟人工智能老师学习后，青青的数学和英语成绩提高了很多。

（　　　）7. 人工智能教育有很多好处，比如学生可以根据自身状况来制定学习计划。

（　　　）8. 人工智能技术可以提高乡村教育的水平。

二、选词填空。

Fill in the blanks with the words given below.

A. 亲自　　　　B. 评价　　　　C. 调　　　　D. 由于

E. 积极性　　　F. 容易　　　　G. 理解　　　H. 开发

1. 青青得了一种病，很_____骨折。

2. _____经常骨折，青青不能下地走路，更没法去学校上课，只能长期在家养病。

33

3. 听说<u>青青</u>的情况后，<u>袁老师</u>决定抽出时间，_____到<u>青青</u>的家里给她上课。

4. 后来，<u>袁老师</u>被_____去了另外一所小学，离<u>青青</u>的家很远。

5. 2018年，一家人工智能公司_____了一个公益项目，目的是用先进的人工智能技术提高乡村教育的水平。

6. 做完作业，系统还会给<u>青青</u>一个客观的_____。

7. 自从她跟人工智能老师学习之后，学习效果非常好，学习_____也提高了。

8. 以前很多知识点不太明白，需要背下来，现在她都能_____了。

三、根据文章回答问题。

Answer the questions below according to the article.

1. <u>青青</u>的第一位老师是谁？他是怎么帮助她学习的？

_____

2. <u>青青</u>的第二位老师是谁？它又是怎么帮助青青学习的？

_____

3. 人工智能教育系统有哪些好处？

_____

7 西湖边的 书吧

　　杭州西湖边上，有一座宝石山，人们在爬山的路上，总能经过一家书吧。这家书吧背靠着山，面朝西湖。走进书吧，最引人注意的就是那一排排书架。年轻的大学生可以在这里点一杯果汁，安静地看书，做功课。爬山的游客可以在这里看看西湖，休息一下。

　　这家书吧就是"纯真年代"书吧，看到名字总能让人想起自己年轻时候的事情。那么这家书吧到底是谁开的呢？

　　它的女主人叫朱锦绣^{Zhū Jǐnxiù}（下文叫作锦绣），是一位有故事的人。锦绣现在是杭州一所大学的英语老师，不过她在上大学以前，只上了四年小学，后来她进了一家工厂当工人，但并没有停止读书，她交了一群爱读书的朋友，约好每个星期日都在她家楼上的一个小房间一起读书交流。22岁那年，高考恢复了，锦绣白天在工厂里上班，晚上就去学校学习。她以前没学过英语，当地一位英语老师教得很好，但锦绣不是那儿的学生，所以她就站在教室的后门听，一站就是三个月，终于感动了学校的老师们，学校同意让她进教室旁听。那段时间，锦绣每天只能睡上四个小时。十个月后，高考结束，她考上了厦门大学英语系，原来胖胖的她只有79斤了。

　　在大学三年级时，锦绣遇到了自己的爱人盛子潮^{Shèng Zǐcháo}（下文叫作子潮）。锦绣大学毕业后留在了厦门大学当英语老师。两年后，子潮研究生毕业，决定去杭州工作。锦绣跟着他离开厦门搬到了杭州，继续当大学英语老师。她幸福地工作、生活着，还生了一个可爱的儿子。锦绣真的很满足，以为自己的人生会一直这样幸福。

　　1999年，锦绣44岁。她的肚子痛了小半年，检查了很长时间，结果发现，

她得了结肠癌。虽然治疗很痛苦，但她很坚强。每天早晨四五点子潮就到医院去看她，半夜才会离开。虽然治疗很有效，但这次经历让锦绣很害怕。她想：自己如果真不在了，子潮和儿子怎么办？她觉得人总该留下点什么，才不算白来这个世界。

　　子潮爱看书、爱交朋友，所以，锦绣就有了开个书店的想法。不过，他们俩没有经营的经验，把书吧从梦想变成现实非常难。租房、买书、请员工都需要资金，但他们手里的钱只够付十分之一，只能向朋友借了一些，又把自己住的房子卖了，这样钱才够了。2000年，书吧终于开业了，锦绣给它取名"纯真年代"。

　　"纯真年代"书吧已经在西湖边静静地坚持了二十多年，也慢慢地在全国都出了名。贾平凹（Jiǎ Píngwā）、余华（Yú Huá）、王　蒙（Wáng Méng）、李　文（Lǐ Wén）、阿来（Ā Lái）等作家都曾经来过，杭州的爱书人更把它当成让心灵休息的地方，定期在这里举办文学沙龙。锦绣自己每周五、周日主持英语沙龙，周六举办影视沙龙，还安排了其他各种文化活动，让来这里的读者感受到像学生时代读书交友一样的快乐。

疫情的时候，"纯真年代"书吧遇到了很大的困难。有时候，一整天一个客人都没有，却仍然要支付员工工资、房租、水电费。锦绣好几次都想把书吧关了，但很多读者跟她通信，说书吧对自己意义重大，希望她能继续经营。最后，锦绣还是坚持下来了，"纯真年代"书吧现在仍然在西湖边欢迎着每一位客人。

本级词

背 bèi | back

朝 cháo | towards

注意 zhùyì | to pay attention to

排 pái | line

书架 shūjià | bookshelf

果汁 guǒzhī | fruit juice

功课 gōngkè | schoolwork

到底 dàodǐ | on earth

停止 tíngzhǐ | to stop

群 qún | group

约 yuē | to make an appointment, to ask or invite in advance

结束 jiéshù | to finish, to close, to end

胖 pàng | fat

人生 rénshēng | life

痛 tòng | ache, pain

痛苦 tòngkǔ | pain, suffering

坚强 jiānqiáng | strong, firm

有效 yǒuxiào | effective

白 bái | in vain

世界 shìjiè | world

经营 jīngyíng | to run (business)

经验 jīngyàn | experience

员工 yuángōng | staff

资金 zījīn | capital

付 fù | to pay

开业 kāiyè | to open for business

年代 niándài | era

静 jìng | quiet

曾经 céngjīng | once, have already

定期 dìngqī | regular

文学 wénxué | literature

主持 zhǔchí | to host, to take charge of

影视 yǐngshì | film and televison

安排 ānpái | to arrange

读者 dúzhě | reader

感受 gǎnshòu | to feel

时代 shídài | times, era, a period in one's life

整天 zhěngtiān | the whole day

支付 zhīfù | to pay

房租 fángzū | rent

通信 tōngxìn | to communicate by letter, to correspond

意义 yìyì | significance, meaning

重大 zhòngdà | great, significant

超纲词

书吧 shūbā | book club

引 yǐn | to draw, to attract, to catch

纯 chún | pure

高考 gāokǎo | college entrance examination

恢复 huīfù | to resume, to regain, to recover

肚子 dùzi | belly

结肠癌 jiécháng ái | colon cancer

治疗 zhìliáo | to cure

心灵 xīnlíng | psyche

沙龙 shālóng | salon

疫情 yìqíng | pandemic

练 习

一、根据文章判断正误。

Tell right or wrong according to the article.

(　　) 1. "纯真年代"书吧在杭州西湖边上，爬宝石山时会经过那儿。

(　　) 2. 在书吧里只能看书，不可以点吃的或者喝的。

(　　) 3. 虽然只上了四年小学，但锦绣没有停止学习，高考顺利考进了厦门大学。

(　　) 4. 子潮大学毕业后在厦门大学当老师，锦绣两年后毕业，决定去杭州工作。

(　　) 5. 到杭州后，锦绣幸福地工作、生活着，还生了一个可爱的女儿。

(　　) 6. 子潮爱看书、爱交朋友，也有经营的经验，所以他们有了开书店的想法。

(　　) 7. 为了开书吧，锦绣夫妻俩向朋友借了一些钱，还把自己住的房子卖了。

(　　) 8. 锦绣每周五、周日在书吧主持英语沙龙，周六举办影视沙龙，还安排了其他各种文化活动。

二、选词填空。

Fill in the blanks with the words given below.

A. 白 B. 朝 C. 经验 D. 到底

E. 支付 F. 坚强 G. 意义 H. 曾经

1. 这家书吧背靠宝石山，面_____西湖。

2. 那么这家书吧_____是谁开的呢？

3. 虽然治疗很痛苦，但锦绣表现得很_____。

4. 她觉得人总该留下点什么，才不算_____来这个世界。

5. 她们夫妻俩没有经营的_____，把书吧从梦想变成现实非常难。

6. 贾平凹、余华、王蒙、李文、阿来等作家都_____来过这里。

7. 有时候，一整天一个客人都没有，却仍然要_____员工工资、房租、水电费。

8. 很多读者跟她通信，说书吧对自己_____重大，希望她能继续经营。

三、根据文章回答问题。

Answer the questions below according to the article.

1. 锦绣是怎么考上厦门大学英语系的？

_____

2. 锦绣为什么想开一家书吧？

_____

3. "纯真年代"书吧里有哪些活动？

_____

4. 疫情的时候，"纯真年代"书吧遇到了哪些困难？锦绣为什么能坚持下来？

_____

8 李子柒的
自然生活

　　她被称为"现代中国仙女"，总是穿着美丽的传统服装，使用传统方法制作中国家常美食和生活中常用的东西，她就是李子柒。
Lǐ zǐqī

　　李子柒，1990年出生在四川省绵阳市，她本来的名字是李佳佳，李子柒是
Lǐ Jiājiā
她的网名。她的父母很早就离婚了。6岁时，她的父亲去世了，爷爷奶奶就把她接到身边。小时候，李子柒跟着爷爷奶奶学了很多生活本领，也尝了很多农村美食，这些都成了她短视频作品中重要的表现内容。

　　五年级时，爷爷去世了，李子柒的生活变得更加困难。14岁时，她一个人去大城市找工作，睡过公园的椅子，吃过两个月馒头，在酒吧做过DJ，也跟朋友一起试过创业。2012年，李子柒的奶奶突然生病了，她从城市回到家乡照顾奶奶，并决定留下。这个决定让她的人生发生了很大的变化。

　　那时候，网上直播刚开始在中国流行。2015年，在朋友的建议下，李子柒开始拍美食短视频，取得了一些小成绩。2017年，她在国外网站上发了第一个视频，视频里她用葡萄皮给自己染了一条裙子，被国外网友称为"来自东方的力量"。可以说，她好像在大自然中建了一个实验室，并且取得了让人意外的成就。

　　李子柒在视频中做家具、做衣服，制作美食，好像没有她做不出来的东西。每一个视频都需要拍很长时间，非常真实，像是一部纪录片。她的视频也很美。在她的视频中，普通的食品也能变成漂亮的美食，看起来又香又有营养。她的视频让生活在城里的人们看到了中国农村传统的生活方式，为他们造了一个像梦一样美好、安静的世界。

　　李子柒对自己的要求很高，她非常努力，每一次都争取拍出最好的视频。她常常主动向专家请教。有时候需要从高的地方往下拍，她得爬到树上才能拍到。为了拍一些水果，李子柒头一年需要把种子埋进地里，等到第二年果子长出来再拍。为了拍兰州牛肉面的视频，她专门坐飞机去兰州学习，回来后在家练习了三个月。每一个视频的背后，都是别人看不见的努力。正因为这样，她才能赢过其他主播，得到人们的关注。

　　有媒体评价："李子柒的视频，没有一个字说中国好，但她讲好了中国文化，讲好了中国故事。"李子柒表示想要用自己的影响力推动农村经济的发展，也要做好中华民族传统文化的保护和传播工作。希望李子柒能为观众带来更多的好作品。

本级词

服装 fúzhuāng | clothing

本来 běnlái | originally, at first

父母 fùmǔ | parents

离婚 líhūn | to divorce

本领 běnlǐng | ability, capability, skill

作品 zuòpǐn | works

创业 chuàngyè | to start a business

建议 jiànyì | to propose, to suggest, to advise

皮 pí | peel, skin

裙子 qúnzi | skirt

建 jiàn | to build

实验室 shíyànshì | laboratory

成就 chéngjiù | achievement

真实 zhēnshí | real, authentic

部 bù | a measure word for literary works, films and television works

美 měi | beautiful

食品 shípǐn | food

看起来 kàn qǐlái | it seems, it appears, it looks as if

香 xiāng | sweet-smelling, fragrant, appetizing

营养 yíngyǎng | nutrition

城 chéng | city

造 zào | to make, to create

美好 měihǎo | fine, happy, glorious

争取 zhēngqǔ | to strive for

主动 zhǔdòng | active, initiative

专家 zhuānjiā | expert

请教 qǐngjiào | to consult

头 tóu | the first

种子 zhǒngzi | seed

专门 zhuānmén | specialized

背后 bèihòu | behind

赢 yíng | to win

关注 guānzhù | to concern, to follow with interest

媒体 méitǐ | media

推动 tuīdòng | to promote

中华民族 Zhōnghuá Mínzú | Chinese nation

保护 bǎohù | to protect

传播 chuánbō | to disseminate, to spread

超纲词

仙女 xiānnǚ | fairy

传统 chuántǒng | tradition, traditional

尝 cháng | to taste

酒吧 jiǔbā | bar

馒头 mántou | steamed bun

葡萄 pútao | grape

染 rǎn | to dye

纪录片 jìlùpiàn | documentary

埋 mái | to bury

影响力 yǐngxiǎnglì | influence, effect

练习

一、根据文章判断正误。

Tell right or wrong according to the article.

（　　）1. 父母离婚后，<u>李子柒</u>就跟着爷爷奶奶一起生活。

（　　）2. <u>李子柒</u>是为了照顾奶奶才决定从城市回到家乡。

（　　）3. <u>李子柒</u>在家人的建议下开始拍美食视频，取得了一些小成绩。

（　　）4. <u>李子柒</u>在国外网站上发的第一个视频是用葡萄皮给自己染一条
裙子。

（　　）5. <u>李子柒</u>的视频为生活在<u>中国</u>农村的人们造了一个像梦一样美好、
安静的世界。

（　　）6. <u>李子柒</u>对自己要求很高，非常努力，这是她成功的主要原因之一。

（　　）7. 媒体评价<u>李子柒</u>的视频讲好了<u>中国</u>文化和<u>中国</u>故事。

（　　）8. <u>李子柒</u>表示想要用自己的影响力推动城市经济的发展，也要做好
中华民族传统文化的保护和传播工作。

二、选词填空。

Fill in the blanks with the words given below.

| A. 建议 | B. 专门 | C. 成就 | D. 推动 |
| E. 赢 | F. 看起来 | G. 本领 | H. 本来 |

1. 她_____叫<u>李佳佳</u>，<u>李子柒</u>是她的网名。

2. 小时候，<u>李子柒</u>跟着爷爷奶奶学了很多生活_____。

3. 2015年，在朋友的_____下，<u>李子柒</u>开始拍美食短视频。

4. 李子柒好像在大自然中建了一个实验室，并且取得了让人意外的＿＿＿＿＿＿。

5. 在她的视频中，普通的食品也能变成漂亮的美食，＿＿＿＿＿＿＿又香又有营养。

6. 为了拍兰州牛肉面的视频，她＿＿＿＿＿坐飞机去兰州学习。

7. 正因为这样，她才能＿＿＿＿＿过其他主播，得到人们的关注。

8. 李子柒表示想要用自己的影响力＿＿＿＿＿农村经济的发展，也要做好中华民族传统文化的保护和传播工作。

三、根据文章回答问题。

Answer the questions below according to the article.

1. 李子柒都做过哪些工作？

＿＿＿＿＿＿＿＿＿＿＿＿＿＿＿＿＿＿＿＿＿＿＿＿＿＿＿＿＿＿＿＿

2. 李子柒是怎样得到人们的关注，并获得成功的？

＿＿＿＿＿＿＿＿＿＿＿＿＿＿＿＿＿＿＿＿＿＿＿＿＿＿＿＿＿＿＿＿

3. 媒体是怎样评价李子柒的？

＿＿＿＿＿＿＿＿＿＿＿＿＿＿＿＿＿＿＿＿＿＿＿＿＿＿＿＿＿＿＿＿

9 谢谢你，外卖小哥

　　他们是骑手，在城市的每一条街道上来来往往。他们会准时出现在你家的门口，给你送去方便和温暖。大家都亲切地叫他们"外卖小哥"。

　　姚权刚^{Yáo Quángāng}住在杭州，是快递公司的员工，一个普普通通的外卖小哥。上午九点，姚权刚穿上工作服，拿上快递公司的证件就出门了。他要去超市买前一天大家发在微信群里的东西。

　　2020年春天，受到疫情的影响，人们不能出门。很多人的生活成了问题，特别是那些行动不方便的老人。姚权刚知道以后，决定每天帮大家买东西，并且送到家里。

　　每天晚上，姚权刚会在微信群里发消息："大家好，我会继续帮大家去超市买东西，如果你需要买什么，请加我微信告诉我，每人可以买10件东西，总的价钱在200元内。"开始的时候，没有人相信他。他一遍又一遍在微信里声明："免费服务，免费服务，可以先买再付钱。"

　　第二天早上，姚权刚先在纸上认真地记录下要买的东西，记下来以后还会再小声念一遍，保证尽量不出错。每天上午，光买东西就要花三四个小时。等他送完东西，一天也就过去了。有时候要买的东西多，时间很紧，姚权刚提着、背着各种各样的东西，三步并两步跑上楼，跑下来。送完东西以后，姚权刚的上衣也已经湿了。

　　有时候，有人没有及时付钱，姚权刚会先用自己的钱。有的老人不会用微信支付，他会提前带好零钱。"我性格比较急，"他笑着说，"习惯了有事情就要马上解决。"有的人不知道买什么好，他就拍好照片发送过去，还会提出自己的建议。每天回家以后，他还要做一个总结，哪些东西买得不错，哪些有点问题，需要改进。姚权刚说："东西不值几个钱，但是大家都那么信任我，觉得我还算可靠，我就有责任做好这件事。"

姚权刚的家庭条件也不好，家里有一个正在读小学的儿子，生活压力很大，他想靠送外卖给家人带来更美好的生活。每天给大家免费服务，他的收入变少了。但是他说："疫情期间，我总要为大家做点什么。我没有医生的专业知识帮助大家，但是可以为大家买东西，送东西。"

姚权刚免费服务的事情不久就传开了，《钱江晚报》的记者报道了他的故事。2021年，他还被评为了"最美杭州人"。面对记者的采访，姚权刚有点儿紧张，不知道应该怎么发言，只是不断地说："我只是做了一件很小的事情。"

点外卖已经成为我们这代人的一种生活方式。中国有一千多万外卖员，其中有很多像姚权刚这样的人。小杰是在武汉工作的外卖员，原来计划春节回家过年，但每天看新闻报道，他觉得自己不能离开。他说，虽然自己不会什么技术，但是可以留下给有需要的人送送吃的。

外卖员这一行，最考验认真负责的态度。正是由于有外卖员，我们不用出门也能买到吃的和用的。我们的生活离不开他们的努力。

谢谢你，外卖小哥！

* 图片中的人物非本文主人公。

注释

骑手 qíshǒu

Originally it was about people who could ride horses, and now it refers to people who ride electric motorcycles to deliver takeaways.

外卖小哥 wàimài xiǎogē

It refers to the person who delivers the takeaway.

《钱江晚报》 Qiánjiāng Wǎnbào

A newspaper in Zhejiang Province, was founded in 1987 and is the most influential urban evening newspaper in Zhejiang Province.

"最美杭州人" "zuì měi hángzhōurén"

It is the title that given to those people who work hard to make people's life better in Hangzhou. It is selected once a year.

本级词

温暖 wēnnuǎn | warm

亲切 qīnqiè | kind, warm

叫 jiào | to call

员工 yuángōng | employee

证件 zhèngjiàn | credential, identification

消息 xiāoxi | message

总的 zǒngde | total

价钱 jiàqián | price

内 nèi | within

声明 shēngmíng | to state

记录 jìlù | to record

念 niàn | to read

保证 bǎozhèng | to guarantee

尽量 jǐnliàng | to the best of one's ability

光 guāng | only

紧 jǐn | tight

背 bēi | to carry

步 bù | step

上衣 shàngyī | top clothes

及时 jíshí | in time

提前 tíqián | in advance

总结 zǒngjié | summary

改进 gǎijìn | to improve

值 zhí | worth

信任 xìnrèn | to trust

可靠 kěkào | reliable

责任 zérèn | duty, responsibility

压力 yālì | pressure

传 chuán | to spread

记者 jìzhě | reporter

报道 bàodào | to report

紧张 jǐnzhāng | nervous

发言 fāyán | to make a speech

不断 búduàn | constantly

代 dài | generation

行 háng | profession

考验 kǎoyàn | to test

负责 fùzé | responsible

超纲词

街道 jiēdào | street

准时 zhǔnshí | punctual

快递 kuàidì | express delivery

微信 wēixìn | WeChat

免费 miǎnfèi | free

样 yàng | kind

湿 shī | wet

期间 qījiān | period

评 píng | be assessed as

采访 cǎifǎng | to interview

离不开 lí bu kāi | cannot do without

* 图片中的人物非本文主人公。

练习

一、排序。

Rearrange the following sentences in chronological order.

A. 每天晚上，<u>姚权刚</u>会在微信群里发消息："大家好，我会继续帮大家去超市买东西，如果你需要买什么，请加我微信告诉我。"

B. 2020年春天，受到疫情的影响，人们不能出门，很多人的生活成了问题，特别是那些行动不方便的老人。

C. 第二天早上，<u>姚权刚</u>先在纸上认真地记录下要买的东西，记下来以后还会再小声念一遍，保证尽量不出错。

D. 等他送完东西，一天也就过去了。

E. <u>姚权刚</u>知道以后，决定每天帮大家买东西，并且送到家里。

F. 每天上午，光买东西就要花三四个小时。

G. 每天回家以后，<u>姚权刚</u>还要做一个总结，哪些东西买得不错，哪些有点问题，需要改进。

H. 有时候，有人没有及时付钱，<u>姚权刚</u>会先用自己的钱。

（　　）→（　　）→（　　）→（　　）→（　　）→（　　）→（　　）→（　　）

二、选词填空。

Fill in the blanks with the words given below.

A. 声明　　　　B. 及时　　　　C. 亲切　　　　D. 代

E. 温暖　　　　F. 考验　　　　G. 提前　　　　H. 传

1. 他们会准时出现在你家的门口，给你送去方便和_____。

51

2. 大家都_____地叫他们"外卖小哥"。

3. 开始的时候没有人相信他，他一遍又一遍在微信里_____："免费服务，免费服务，可以先买再付钱。"

4. 有时候，有人没有_____付钱，姚权刚会先用自己的钱。

5. 有的老人不会用微信支付，姚权刚总是会_____带好零钱。

6. 姚权刚免费服务的事情不久就_____开了，《钱江晚报》的记者报道了他的故事。

7. 点外卖已经成为我们这_____人的一种生活方式。

8. 外卖这一行，最_____认真负责的态度。

三、根据文章回答问题。

Answer the questions below according to the article.

1. 姚权刚为什么决定每天帮大家买东西？

_____

2. 小杰春节为什么不回家？

_____

3. 外卖小哥在中国人的生活中重要吗？

_____

10 我在义乌当医生

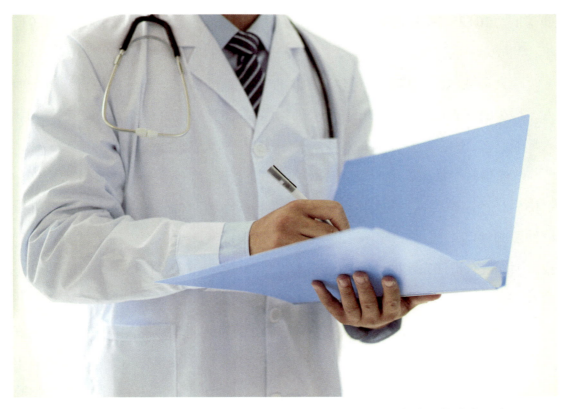

* 图片中的人物非本文主人公。

下午两点，在一家医院门诊外面的椅子上，坐满了来看病的人。在诊室内，阿马尔医生正在给一个也门小伙儿看病，虽然外面不断传来说话声，但一点儿没有影响阿马尔看病。几分钟以后，他结合检查报告，快速给小伙儿开了药。

短短一个多小时，阿马尔接待了来自也门、摩洛哥等国的14名病人。长期以来，阿马尔是他们在义乌的医生、朋友，更是亲人。

1996年，刚满18岁的阿马尔填了山东大学中文系的志愿表格，成功申请了到中国留学的奖学金，实现了"想到中国看看"的梦想。这个梦想来自他13岁那年，一位中国医生治好了父亲的病。从那时起，阿马尔就想来中国学医。

来到中国后，阿马尔从山东到天津再到杭州，最后从浙江大学医学院临床医学专业毕业。那时，因为义乌离杭州不远，又是一个重要的商业城市，那里有很多阿马尔的同乡，所以，他经常去义乌。阿马尔的中文不错，大家有问题都会找他帮忙。2013年博士毕业后，阿马尔没有去大城市，他决定到义乌工作。2017年，他成为一名医生。

跟大多数医生一样，阿马尔上班时非常忙，最多时一天要接待五六十个病人，最少时一天也要接待二十多个。因为他懂几门外语，有语言优势，跟各国病人都能交流，除了一些外国病人外，还有一些中国人也来找他看病。

虽然当医生很累，但阿马尔喜欢这个职业。面对病人，阿马尔始终很亲切。下班后，经常有病人通过微信、电话问他一些问题。有些病人回国后，还继续给他发邮件问一些相关的问题。"他们非常信任我，有的病人得了感冒也会问我，因此我有责任去帮助他们。"阿马尔的3 500多人的微信朋友中，有一半都是病人。

在中国二十多年，阿马尔跟家人早已成了当地人。他认为要在中国当一名好医生，就得深入学习中国文化，所以他会看一些中国的文学和历史作品，还有电影、话剧、京剧表演。对他来说，这些都是学习中国文化的好方法。阿马尔强调，"义乌绝对是我的第二个家乡，希望她越来越好。义乌有很多外国人，很有必要在外国人中推广汉语言文化，这也是我能为这个城市做的事情。"

除了工作，阿马尔还经常给大家安排一些文化活动，比如体验中国茶、过中国节、学中国文化。阿马尔还是义乌市曲艺家协会的会员。在天津学医的时候，他爱上了相声这门传统艺术。"我是郭德纲迷，他的演出很精彩，能给很多人带去欢乐和精神力量。"他常常与协会成员一起演出，把欢乐带到义乌各地，还带动了越来越多的外国人了解这门中国传统艺术。

"这次我给大家表演的节目，是关于'一带一路'的故事。"这样的话经常出现在阿马尔的表演中。他的表演有更多的国际元素，体现了中外人民的美好情感。

注释

义乌市曲艺家协会 Yìwūshì Qǔyìjiā Xiéhuì
| *Yiwu Ballad Singers Association*

临床医学 línchuáng yīxué
| Clinical Medicine

也门 Yěmén
| Yemen

山东大学 Shāndōng Dàxué
| Shandong University

浙江大学医学院 Zhèjiāng Dàxué Yīxuéyuàn
| School of Medicine, Zhejiang University

一带一路 Yīdàiyīlù
| the Belt and Road

本级词

外面 wàimiàn | outside

传来 chuánlái | to come

结合 jiéhé | to combine

报告 bàogào | to report

快速 kuàisù | fast

接待 jiēdài | to receive

以来 yǐlái | since

亲人 qīnrén | close relatives

志愿 zhìyuàn | application

表格 biǎogé | form

成功 chénggōng | successfully

留学 liúxué | to study abroad

商业 shāngyè | commerce

优势 yōushì | advantage

各 gè | each

始终 shǐzhōng | always

相关 xiāngguān | related

感冒 gǎnmào | cold

早已 zǎoyǐ | already

深入 shēnrù | thorough

话剧 huàjù | modern drama

京剧 jīngjù | Beijing opera

表演 biǎoyǎn | performance

强调 qiángdiào | to emphasize

绝对 juéduì | absolutely

必要 bìyào | necessary

推广 tuīguǎng | to popularize

为 wèi | for

体验 tǐyàn | to experience

会员 huìyuán | member

艺术 yìshù | art

迷 mí | fan (of)

精彩 jīngcǎi | wonderful

精神 jīngshén | spirit

成员 chéngyuán | member

演出 yǎnchū | to perform

各地 gèdì | all parts of

体现 tǐxiàn | to embody

人民 rénmín | people

情感 qínggǎn | feeling

超纲词

门诊 ménzhěn | clinic

诊室 zhěnshì | clinic room

声 shēng | sound

填 tián | to fill in

奖学金 jiǎngxuéjīn | scholarship

治 zhì | to cure

博士 bóshì | doctor

相声 xiàngsheng | comic dialogue, cross talk

关于 guānyú | about

元素 yuánsù | element

中外 zhōngwài | China and foreign countries

练 习

一、根据文章判断正误。

Tell right or wrong according to the article.

（　　）1. 阿马尔是18岁申请来中国留学的。

（　　）2. 因为一位中国医生治好了他父亲的病，所以阿马尔想来中国学医。

（　　）3. 阿马尔曾经在中国的山东、天津、杭州和北京求学。

（　　　　）4. 阿马尔读的是中文专业的博士。

（　　　　）5. 阿马尔会说两门外语。

（　　　　）6. 阿马尔认为要在中国当一名好医生，就得深入学习中国文化。

（　　　　）7. 阿马尔喜欢相声，是郭德纲迷。

（　　　　）8. 阿马尔和家人都生活在义乌。

二、选词填空。

Fill in the blanks with the words given below.

A. 结合　　　　　B. 精神　　　　　C. 始终　　　　　D. 接待

E. 艺术　　　　　F. 传来　　　　　G. 亲人　　　　　H. 商业

1. 虽然外面不断_____说话声，但一点儿没有影响阿马尔看病。

2. 几分钟以后，阿马尔_____检查报告，快速给小伙儿开了药。

3. 长期以来，阿马尔是他们在义乌的医生、朋友，更是_____。

4. 义乌离杭州不远，又是一个重要的_____城市。

5. 跟大多数医生一样，阿马尔上班时非常忙，最多时一天要_____五六十个病人。

6. 面对病人，阿马尔_____很亲切。

7. 在天津学医的时候，他爱上了相声这门传统_____。

8. 他的演出很精彩，能给很多人带去欢乐和_____力量。

三、根据文章回答问题。

Answer the questions below according to the article.

1. 阿马尔为什么要来中国学医？

_____

2. 阿马尔为什么说"义乌是我的第二个家乡"？

_____

3. 请你描述一下阿马尔在义乌的工作和生活。

_____

11 一孩，二孩，
还是三孩？

办公室里，三个女同事在讨论生孩子的事情。

Zhāng Xiǎolì
张 小丽（28岁，结婚一年整，没有孩子）：昨天新闻说，可以生三个孩子了。我奶奶一大早就给我打电话，让我赶快要孩子。

Zhènghǎo
正好 妈妈（38岁，有一个孩子）：我还在痛苦要不要二孩呢，已经可以生三个孩子了。变化真是快啊。

张小丽：是你自己想要还是家里人让你生啊？

正好妈妈：我可不想要。自从有了第一个孩子，我们一家人都围着他。以前我和爱人都有各自的爱好，我是歌迷，喜欢好几位歌手，周末经常去看个演唱会什么的。我爱人是球迷，世界杯的时候，为了看比赛可以不睡觉。生孩子以后，

＊图片中的人物非本文主人公。

我很长时间没有去剧场了。现在，我终于明白了，有孩子就不能有爱好。开放二孩以后，我父母就让我再生一个，那时我就不想要。现在，我们家孩子明年就升初中了，正是紧张的时候，要不了。还是万事和如意妈妈勇敢，生了两个孩子。

万事和如意妈妈（42岁，有两个孩子）：哎呀，我的二孩是意外，生了第一个孩子以后，本来已不打算再要孩子了。意外怀孕了，我们也想了很久，才决定生下来的。我是很喜欢孩子的，小孩子好可爱啊！可是生活压力确实也是大。不要说孩子的学费，教材费，各种各样的班级活动费用，还有房租呢！我们的房租虽然没变，房东人挺好的，但是也得有个准备啊。所以两个人的感情基础一定要牢固，才能够共同面对这些生活的压力。

张小丽：听起来压力好大！我可不打算要孩子，太麻烦了，想想都头疼。我们单元楼的一个邻居，怀孕的时候身体不舒服，心情也不好，夫妻俩总是吵架。我现在还年轻，机会有的是，不急。大夫也说，还可以等几年。

正好妈妈：是啊，妈妈就是一个需要付出爱心的终身职业。

张小丽：所以说母亲伟大啊！我已经跟我的父母谈了我的想法，他们也随我，就是爷爷奶奶要求比较强烈，一见面就问：什么时候要孩子啊？养儿防老，没有孩子，老了怎么办？我跟他们说，年轻时多存点儿钱，以后自己养老啊！

万事和如意妈妈：千万别想着孩子给你养老，孩子有孩子的人生。不过，你不想生，你爱人同意吗？

张小丽：他呀，现在工作很忙，休息的时候还想多享受一下二人世界呢！

正好妈妈：要是你们两个人都这么想，那就没问题。如果有一天，你爱人想要孩子了，可是你年纪又大了，生孩子会很难。所以，你们要商量好。

本级词

整 zhěng | whole

生 shēng | to give birth to

赶快 gǎnkuài | hurriedly

各自 gèzì | one's own

歌迷 gēmí | fan of a singer

歌手 gēshǒu | singer

演唱会 yǎnchànghuì | concert

球迷 qiúmí | football fan

世界杯 shìjièbēi | World Cup

比赛 bǐsài | competition

剧场 jùchǎng | theater

开放 kāifàng | to release

升 shēng | to go

初中 chūzhōng | junior high school

已 yǐ | already

确实 quèshí | indeed

学费 xuéfèi | tuition

教材 jiàocái | textbook

班级 bānjí | class

费用 fèiyòng | fee

房东 fángdōng | house owner

基础 jīchǔ | basis

共同 gòngtóng | common

麻烦 máfan | troublesome

单元 dānyuán | unit

吵架 chǎojià | to quarrel

有的是 yǒudeshì | there are a lot of

大夫 dàifu | doctor

付出 fùchū | to pay

爱心 àixīn | love

母亲 mǔqīn | mother

伟大 wěidà | great

随 suí | to follow

强烈 qiángliè | strong

防 fáng | to make preparation for

存 cún | to save

千万 qiānwàn | to make sure

人生 rénshēng | life

同意 tóngyì | to agree

要是 yàoshi | if

超纲词

勇敢 yǒnggǎn | brave

怀孕 huáiyùn | to be pregnant

样 yàng | kind

牢固 láogù | firm, solid

头疼 tóuténg | troublesome

终身 zhōngshēn | lifelong

养儿防老 yǎng'ér fánglǎo | (of parents) to bring up children for the purpose of being looked after in old age

享受 xiǎngshòu | to enjoy

练 习

一、根据文章判断正误。

Tell right or wrong according to the article.

（　　　）1. 张小丽结婚一年了，没有孩子。

（　　　）2. 正好妈妈有一个孩子，想要第二个孩子。

（　　　）3. 万事和如意妈妈想要第三个孩子。

（　　　）4. 正好妈妈的家里人很希望有两个孩子。

（　　　）5. 张小丽的爱人也想要孩子。

（　　　）6. 万事和如意妈妈认为养孩子可以防老。

（　　　）7. 张小丽的爸爸妈妈同意她不要孩子。

（　　　）8. 万事和如意妈妈认为养孩子的压力很大。

二、选词填空。

Fill in the blanks with the words given below.

A. 共同　　　　　B. 有的是　　　　C. 围　　　　　D. 吵架

E. 各自　　　　　F. 要是　　　　　G. 开放　　　　H. 千万

1. 自从有了第一个孩子，我们一家人都_____着他。

2. 以前我和爱人都有_____的爱好。

3. _____二孩以后，我父母就让我再生一个，那时我就不想要。

4. 所以两个人的感情基础一定要牢固，才能够_____面对这些生活的
   压力。

5. 我们单元楼的一个邻居，怀孕的时候身体不舒服，心情也不好，夫妻俩总

是＿＿＿＿＿＿。

6. 我现在还年轻，机会＿＿＿＿＿＿，不急。

7. ＿＿＿＿＿＿别想着孩子给你养老，孩子有孩子的人生。

8. ＿＿＿＿＿＿你们两个人都这么想，那就没问题。

三、根据文章回答问题。

Answer the questions below according to the article.

1. 张小丽为什么现在不想要孩子？

_____

2. 正好妈妈为什么现在不想要第二个孩子？

_____

3. "养儿防老"是什么意思？

_____

12 一个人的**冬奥会**

张嘉豪，1995年在北京出生，高中毕业以后，受父亲的影响成为一名面包师。2012年，他17岁，几个朋友带他去滑雪，从那以后他的生活完全改变了。

第一次滑雪，他都站不起来，第三次就会飞了，第五次能跳八米的跳台，一个夏天学会了后空翻，第二年冬天会做rodeo……张嘉豪现在仍然十分清楚地记得十年前的滑雪经历，因为从那时候开始，滑雪就成了他心中最重要的事。

从2012到2014年，张嘉豪一边做面包师，一边学习滑雪。为了能有更多的时间滑雪，他晚上工作，早上下班以后花2个小时坐地铁去滑雪场，训练2个小时，再花2个小时坐地铁回家睡觉。一个月的工资全部花在滑雪场的门票和路费上。这样的生活持续了两年。

跟三四岁就开始滑雪的选手相比，张嘉豪开始滑雪的年纪比较大，也缺少专业人员的指导，常常因为滑雪受伤。他一年中300多天都在滑雪，手和腿都摔断过。有一次他的腿摔断了，他的第一反应不是"疼"，是"又有三个月不能滑雪了"。

2014年，19岁的张嘉豪在北京南山滑雪场第一次参加正式比赛，得了第九名。2016年，为了练习一个高难度的动作，张嘉豪下决心辞职。虽然他的家人强烈反对，但是他的态度很坚决。也是在那一年，他在新西兰的一场国际比赛中得了第16名，成为全场表现最好的中国选手。

2022年冬奥会在北京举行。因为年纪超过规定，张嘉豪没能被选进中国国家队。但他没有放弃，他打算靠自己的努力去争取参加冬奥会比赛的资格。按照规定，至少参加一站世界杯比赛，排名前30，拿到50分，才有机会取得比赛资格。

*图片中的人物非本文主人公。

张嘉豪勇敢地向全世界宣布，他的目标是站在北京冬奥会的出发台上。这年，他26岁，他向全球出发了，开始了"一个人的冬奥会"。

说起来简单，但是真正做起来有很多困难。疫情反复的情况下，可能你飞过去了，但是比赛取消了，浪费时间不说，能获得分数的机会又少了一个。张嘉豪不是国家队选手，买机票、订酒店都要自己付钱。其中最难的还是没有保险，如果受伤，不仅要自己支付医药费，所有的坚持和努力也就都白费了。这真是"一个人的冬奥会"啊！

张嘉豪得到了去智利比赛的机会。他背上雪板，坐了41个小时的飞机，终于到达了智利。

酒店的费用不便宜，他就住在当地华人朋友的家里。等待比赛的时候，他自己做饭，自己办理手续。没有教练，他只能利用简单的设备进行训练。幸运的是，智利的比赛结果还不错，张嘉豪拿到了一块金牌和一块银牌。

虽然张嘉豪最后没有取得足够好的成绩，不能参加冬奥会比赛，但是张嘉豪认为很值得，他热爱滑雪，说自己每天都想着滑雪，"没想过前因，没想过后果，没想过以后，就是站在那儿，我就要滑雪。"

从17岁第一次滑雪，十多年来，张嘉豪一个人训练、一个人在国内和国外参加比赛，一个人争取冬奥会的参赛资格。他的眼里只有滑雪，对他来说，滑雪是他永远的梦想、事业和自由。

本级词

受 shòu | to be subjected to

训练 xùnliàn | to train

持续 chíxù | to continue, to sustain

选手 xuǎnshǒu | an athlete selected for a sports meeting, contestant

缺少 quēshǎo | to lack, to be short of

人员 rényuán | personnel, staff

指导 zhǐdǎo | guidance

断 duàn | to break, to snap

正式 zhèngshì | formal, official

比赛 bǐsài | match, competition

难度 nándù | degree of difficulty

决心 juéxīn | determination

坚决 jiānjué | firm, resolute, determined

全场 quánchǎng | full-court, all those present, the whole audience

按照 ànzhào | according to

至少 zhìshǎo | at least

排名 páimíng | rank

宣布 xuānbù | to announce

全球 quánqiú | global

取消 qǔxiāo | to cancel

浪费 làngfèi | to waste

订 dìng | to book

保险 bǎoxiǎn | insurance

不仅 bùjǐn | not only

到达 dàodá | to arrive

华人 Huárén | Ethnic Chinese

等待 děngdài | to wait for

办理 bànlǐ | to deal with, to handle

手续 shǒuxù | procedure

教练 jiàoliàn | coach

设备 shèbèi | equipment

金牌 jīnpái | gold medal

银牌 yínpái | silver medal

足够 zúgòu | enough

值得 zhídé | worth

热爱 rè'ài | to have deep love for

后果 hòuguǒ | consequence, aftermath

事业 shìyè | career, undertaking

超纲词

冬奥会 Dōng'àohuì | Winter Olympic Games

滑雪 huáxuě | to ski, skiing

后空翻 hòukōngfān | to backward somersault

辞职 cízhí | to resign

放弃 fàngqì | to give up

获得 huòdé | to acquire

医药 yīyào | medicine

前因 qiányīn | reason, cause, antecedents

眼里 yǎnli | in one's eyes

练 习

一、根据文章判断正误。

Tell right or wrong according to the article.

（　　）1. 张嘉豪成为一名面包师是受到了父亲的影响。

（　　）2. 张嘉豪17岁时第一次滑雪，是跟家人一起去的。

（　　）3. 学习滑雪的头几年，张嘉豪一边做面包师，一边练习滑雪。

（　　）4. 张嘉豪的家人都支持他辞职去滑雪。

（　　）5. 张嘉豪需要至少参加一站世界杯比赛，排名前30，拿到50分，才有机会取得参加冬奥会的资格。

（　　）6. 虽然张嘉豪是中国国家队选手，但是在疫情反复的情况下，各种手续都得自己办理。

（　　）7. 张嘉豪觉得滑雪对自己以后的事业很有意义，所以热爱滑雪。

（　　）8. 虽然张嘉豪最后没有争取到参加冬奥会的资格，但他仍然觉得很值得。

二、选词填空。

Fill in the blanks with the words given below.

A. 情况	B. 办理	C. 事业	D. 不仅
E. 缺少	F. 按照	G. 足够	H. 难度

1. 张嘉豪开始滑雪的年纪比较大，也_____专业人员的指导。

2. 为了练习一个高_____的动作，张嘉豪下决心辞职。

3. _____规定，至少参加一站世界杯比赛，排名前30，拿到50分，才有机会取得比赛资格。

4. 疫情反复的_____下，可能你飞过去了，但是比赛取消了，浪费时间不说，能获得分数的机会又少了一个。

5. 如果受伤，_____要自己支付医药费，所有的坚持和努力也就都白费了。

6. 等待比赛的时候，他自己做饭，自己_____手续。

7. 张家豪最后没有取得_____好的成绩，不能参加冬奥会比赛。

8. 他的眼里只有滑雪，对他来说，滑雪是他永远的梦想、_____和自由。

三、根据文章回答问题。

Answer the questions below according to the article.

1. 张嘉豪为什么会当面包师?

_____

2. 张嘉豪怎么一边做面包师，一边学习滑雪的?

_____

3. 疫情反复的情况下，张嘉豪参加比赛时遇到了哪些困难?

_____

4. 张嘉豪在智利的比赛结果怎么样?

_____

5. 张嘉豪没能参加冬奥会比赛，为什么他仍然觉得很值得?

_____

13 女航天员
王亚平

　　<ruby>王 亚平<rt>Wáng Yàpíng</rt></ruby>是中国第二位女性航天员。2021年10月16日，她和另外两名航天员进入太空，开始了一共六个月的太空飞行任务。他们在轨飞行183天，创造了中国航天员在轨飞行时间的最长纪录。

　　2022年3月8日，联合国广播电视中心请王亚平跟全球女性进行视频交流，祝世界各国的女性国际妇女节快乐。

　　王亚平在视频中说，职业不分性别，太空从来不会因为航天员是女性就改变它的环境，女性面对太空时的危险和难度跟男性是一样的。大量的科学实验表明，两性在太空中的适应能力和工作能力并没有明显的不同，女性可以高标准地完成跟男性航天员一样的训练和飞行任务。事实证明，女性在某些方面具有自己的优势，比如女性身体更小，更容易完成一些细致工作；女性在太空环境中更不容易出现健康问题；女性语言表达能力比较强等。

　　王亚平强调，虽然来自不同的国家和民族，从事不同的职业，但全世界的女性都在通过自己的努力，使这个世界更加美好。她说，随着航天技术的进步和商业航天的发展，女性参加太空飞行已经变得越来越普遍。希望所有心里有太空梦想的女孩不要害怕困难。"我相信，这不是一个永远没有办法实现的梦，只要我们努力，就会离梦想更近一步。"

　　其实，这是王亚平第二次参加太空飞行任务。第一次是在八年前，2013年6月11日到26日。2013年6月20日，王亚平为中国六千万的中小学生上了40分钟精彩的太空公开课，在很多孩子心中种下了太空梦想，她也成为中国第一位太空教师。王亚平开心地说："我实现了两个小时候的梦想，一个是飞天梦，一个是教

师梦。"

2021年11月9日，她又一次进行了"太空课堂"科学普及教育活动。"我喜欢当一名太空教师，在太空中看向地球，看向那些可爱的孩子们——其中也有我的女儿。"王亚平的女儿是2016年出生的，健康可爱，她有一个愿望，就是妈妈能去太空摘星星。王亚平去太空时，会对女儿说，"妈妈给你摘星星去了，等着妈妈回来。"

有人问王亚平，如果面对21岁刚毕业成为飞行员的自己，最想说什么？王亚平想了想，回答说："首先，我想对那时候的自己说，'感谢你努力学习，克服一切困难，成为一名真正的飞行员。'然后我想告诉21岁的自己，任何时候都要坚持，为了自己的梦想不断努力前进。"

王亚平说，她会一直坚持自己热爱的航天事业，用自己的行动让下一代爱上飞行、爱上航天，也希望能有更多女性实现她们的航天梦。

注释

国际妇女节 Guójì Fùnǚ Jié

International Women's Day is annually held on March 8 to celebrate women's achievements throughout history and across nations. The UN General Assembly invited member states to proclaim March 8 as the UN Day for Women's Rights and International Peace in 1977.

本级词

飞行 fēixíng | flight

任务 rènwù | task

创造 chuàngzào | to create

纪录 jìlù | record

联合国 Liánhéguó | United Nations

广播 guǎngbō | to broadcast

祝 zhù | to wish

性别 xìngbié | gender

从来 cónglái | at all times

环境 huánjìng | environment

实验 shíyàn | experiment

表明 biǎomíng | to indicate

事实 shìshí | fact

证明 zhèngmíng | to prove

具有 jùyǒu | to possess, to have

表达 biǎodá | to express

民族 mínzú | nation, nationality

从事 cóngshì | to be engaged in

使 shǐ | to make, to cause

进步 jìnbù | progress

普遍 pǔbiàn | common

其实 qíshí | actually, in fact

公开 gōngkāi | to open to the public

种 zhòng | to plant

普及 pǔjí | to popularize, to diffuse

首先 shǒuxiān | first

克服 kèfú | to overcome, to conquer

任何 rènhé | any

前进 qiánjìn | to go forward, to march, to make progress

超纲词

航天员 hángtiānyuán | astronaut

女性 nǚxìng | female

太空 tàikōng | the firmament, outer space

在轨 zàiguǐ | on orbit

细致 xìzhì | careful, meticulous

随着 suízhe | to along with

摘 zhāi | to pick, to pluck, to take off

练习

一、根据文章判断正误。

Tell right or wrong according to the article.

（　　　）1. 2021年10月16日，王亚平和另外两名航天员进入太空，她是中国第一位女性航天员。

（　　　）2. 2022年3月8日，王亚平在太空祝世界各国的女性国际妇女节快乐。

（　　　）3. 科学实验表明，女性完成航天训练和飞行任务的标准比男性高。

（　　　）4. 王亚平是在2013年6月11日第一次参加太空飞行任务的。

（　　　）5. 王亚平是中国第一位太空教师，她已经进行过两次太空授课。

（　　　）6. 王亚平的愿望是去太空给女儿摘星星。

（　　　）7. 王亚平21岁毕业了，毕业一年后她克服一切困难，成为了一名飞行员。

（　　　）8. 王亚平会一直坚持自己热爱的航天事业，也希望更多女性能实现航天梦。

二、选词填空。

Fill in the blanks with the words given below.

A. 从事　　　　B. 事实　　　　C. 纪录　　　　D. 克服

E. 表明　　　　F. 普及　　　　G. 普遍　　　　H. 性别

1. 他们在轨飞行183天，创造了中国航天员在轨飞行时间的最长_____。

2. <u>王亚平</u>在视频中说，职业不分_____，太空从来不会因为航天员是女性就改变它的环境。

3. 大量的科学实验_____，两性在太空中的适应能力和工作能力并没有明显的不同。

4. _____证明，女性在某些方面具有自己的优势。

5. 虽然来自不同的国家和民族，_____不同的职业，但全世界的女性都在通过自己的努力，使这个世界更加美好。

6. 随着航天技术的进步和商业航天的发展，女性参加太空飞行已经变得越来越_____。

7. 2021年11月9日，她又一次进行了"太空课堂"科学_____教育活动。

8. 感谢你努力学习，_____一切困难，成为一名真正的飞行员。

三、根据文章回答问题。

Answer the questions below according to the article.

1. 2021年10月16日，<u>王亚平</u>有什么任务？

_____

2. 为什么王亚平说"职业不分性别"?

_____

3. 女性参加太空飞行有哪些优势?

_____

4. 为什么王亚平被称为"太空教师"?

_____

5. 王亚平想对21岁的自己说什么?

_____

14 47号塔上
的男人

大兴安岭，在中国的东北。从哈尔滨向北走800公里，就能到达一个叫松岭
的地方，继续往前走就很难再看到人，眼前就只有一大片森林，刘 良松 就在这
里工作。

17岁时，刘良松成为大兴安岭新天林场47号塔的瞭望员，一个人跟大森林一
起过了25年。每年地上的雪快没了的时候，他就会背上有半个人高的大包从松岭
开车40公里到林场，然后爬上阿尼塔山。山上有一座20多米高的铁塔，那就是47
号塔。下一个瞭望塔离它有20多公里。

刘良松住在瞭望塔旁边一间很旧的白色小房子里，每天早上六点半起床，带
着一瓶水和午饭上塔，他的午饭常常是几个馒头和几片生白菜。铁塔上
夏热冬冷，底下没风的时候在塔上面也有大风，冬天他穿再多的衣服
站在塔上还是觉得冷。天气好的时候，刘良松等天黑就可以下塔，
但有时候也得在塔上睡觉。

刘良松的工作是在瞭望塔上看着森林，准确找到每一个突然着火的烟点。他就是林场的眼睛。首先，要分得清楚云和烟，云是会动的，烟是直直地往上跑。其次，不同的树木着火后，产生的烟的颜色是不一样的，有的是白色的，有的是黄色的，还有的是黑色的。夏天的闪电很危险。因为塔是铁的，所以在闪电来以前刘良松得赶紧跑到旁边自己住的房子里，一结束再往塔上跑。每年都有五六次闪电造成的火灾。

如果发生火灾，找到着火点后，刘良松头脑中需要立刻形成一条最短的路线，指导救火队员用最快的速度到达。他的头脑中有一张那片森林的完整地图，那是他17岁时，拿着笔对着山头一个个画出来，然后背下来的。

几年前，这片森林曾经起过一场大火，烧了十几天，火烧得最近的地方离刘良松负责的林场只有几十公里，晚上整个天都烧红了。那是他最害怕的一次，不敢睡觉也不敢下塔，早上拿上去一碗方便面，放一点儿凉水，等中午再吃。

除了生活条件差、工作环境比较危险，刘良松更受不了的是孤独。在塔上用不了手机，大部分时间只能跟自己交流。一般早晨报告完林场的情况以后，就安静下来了，很难再听到其他人的

声音。刘良松说，面对孤独的时候，他想了各种方法，比如对着森林大叫，或者在森林里散步。"实在没有事干，就数塔上有多少块玻璃。我数过，我们塔有36块玻璃。有时候抓到一只蚂蚁都能玩半个小时，大兴安岭的蚂蚁我抓到过，黑黑的，长得特别大。"

很少有人一直当瞭望员，大部分都受不了这里的孤独。他的朋友 宏岭 曾经也做过几个月瞭望员，现在在松岭开了一个饭店。

这二十多年里，刘良松也有很多次想过要离开。林场的领导请过他当司机；他的同学在北京给他找过一份工资挺不错的工作；他的朋友还让他一起去大城市做生意，但他最后还是留在了林场。因为他始终记得母亲说过的一句话——"做一件事情要坚持。"

刘良松觉得森林防火这件事情是自己的责任，他一定得好好儿做。他还记得：1987年5月6日，大兴安岭 漠河旁边发生了火灾，大约1.7万平方米的森林受到影响，6万人连续工作了28天才把火控制下来，最后211人遇难，266人受伤。那时候，刘良松还不是瞭望员，但是这次事件让他决定一定要看好这片森林，防止这样的事情再发生。

"这是我二十多年前刚工作时种的树，已经这么高了。"刘良松说。2016年中央电视台给他拍过一个纪录片，现在他的脸和当时没有什么变化，但开始明显地长白头发了。

这两年，47号塔上又来了两个瞭望员，刘良松不用再整年地在塔上工作了，每个月比之前多了10天的假期，有了更多的自由时间。但最近，刘良松越来越喜欢瞭望员的生活了，他发现只有在森林里，才能听到风吹过树叶的声音，感觉像是在说话一样……

本级词

眼前 yǎnqián | before one's eyes, at present

米 mǐ | metre

铁 tiě | iron

旧 jiù | old, used

白菜 báicài | Chinese cabbage

底下 dǐxia | under, below, beneath

上面 shàngmiàn | above , on top of , on the
surface of

烟 yān | smoke

直 zhí | straight

其次 qícì | secondly

造成 zàochéng | to cause, to give rise to

头脑 tóunǎo | mind

路线 lùxiàn | route, itinerary, line

火 huǒ | fire

队员 duìyuán | team member

张 zhāng | a measure word for paper, map,
picture, etc.

完整 wánzhěng | complete, integrated

整个 zhěnggè | whole, total, entire

凉水 liángshuǐ | cold water

散步 sànbù | to take a walk

抓 zhuā | to grab

领导 lǐngdǎo | leader

防 fáng | to prevent

连续 liánxù | continuous, successive

事件 shìjiàn | event, incident

防止 fángzhǐ | to prevent

电视台 diànshìtái | TV station

超纲词

塔 tǎ | tower

森林 sēnlín | forest

瞭望 liàowàng | to look down from a
higher place

着火 zháohuǒ | to catch fire

树木 shùmù | tree

闪电 shǎndiàn | lightning

火灾 huǒzāi | fire, conflagration

烧 shāo | to burn

受不了 shòubuliǎo | be unable to endure

孤独 gūdú | lonely, lonesome

玻璃 bōli | glass

蚂蚁 mǎyǐ | ant

控制 kòngzhì | to control

遇难 yùnàn | to die in an accident

中央 zhōngyāng | central

之前 zhīqián | before

树叶 shùyè | leaf

练 习

一、根据文章判断正误。

Tell right or wrong according to the article.

（　　　）1. 刘良松在中国东北的大兴安岭新天林场工作。

（　　　）2. 刘良松住在瞭望塔上，一个人跟大森林过了25年。

（　　　）3. 瞭望塔上面冬天热，夏天冷，风很大。

（　　　）4. 不同的树木着火后，产生的烟的颜色都是一样的。

（　　　）5. 夏天的闪电很危险，一看到闪电刘良松就得跑到瞭望塔上。

（　　　）6. 刘良松从来没有想过离开这里去做别的工作。

（　　　）7. 刘良松的工作是防止森林火灾，找到着火的烟点，指导救火队员用最快的速度到达。

（　　　）8. 生活条件差和工作环境危险是大部分人受不了瞭望员这份工作的主要原因。

二、选词填空。

Fill in the blanks with the words given below.

A. 其次　　　　B. 路线　　　　C. 防止　　　　D. 连续

E. 散步　　　　F. 底下　　　　G. 了　　　　H. 造成

1. 铁塔上夏热冬冷，_____没风的时候在塔上面也有大风。

2. 首先要分得清楚云和烟，_____，不同的树木着火后，产生的烟的颜色是不一样的。

3. 每年都有五六次闪电_____的火灾。

4. 找到着火点后，刘良松头脑中需要立刻形成一条最短的＿＿＿＿＿＿，指导救火队员用最快的速度到达。

5. 除了生活条件差、工作环境比较危险，刘良松更受不＿＿＿＿＿＿的是孤独。

6. 大约1.7万平方米的森林受到影响，6万人＿＿＿＿＿＿工作了28天才把火控制下来。

7. 这次事件让他决定一定要看好这片森林，＿＿＿＿＿＿这样的事情再发生。

8. 面对孤独的时候，他想了各种方法比如对着森林大叫，或者在森林里＿＿＿＿＿＿。

三、根据文章回答问题。

Answer the questions below according to the article.

1. 大兴安岭在哪儿？

＿＿＿＿＿＿＿＿＿＿＿＿＿＿＿＿＿＿＿＿＿＿＿＿＿＿＿＿＿＿＿＿＿＿＿＿＿＿

2. 为什么说刘良松是"林场的眼睛"？

＿＿＿＿＿＿＿＿＿＿＿＿＿＿＿＿＿＿＿＿＿＿＿＿＿＿＿＿＿＿＿＿＿＿＿＿＿＿

3. 刘良松有哪些方法来面对孤独？

＿＿＿＿＿＿＿＿＿＿＿＿＿＿＿＿＿＿＿＿＿＿＿＿＿＿＿＿＿＿＿＿＿＿＿＿＿＿

4. 为什么刘良松没有离开林场？

＿＿＿＿＿＿＿＿＿＿＿＿＿＿＿＿＿＿＿＿＿＿＿＿＿＿＿＿＿＿＿＿＿＿＿＿＿＿

5. 现在的刘良松跟以前比，有什么变化？

＿＿＿＿＿＿＿＿＿＿＿＿＿＿＿＿＿＿＿＿＿＿＿＿＿＿＿＿＿＿＿＿＿＿＿＿＿＿

15 西少爷
在加拿大

你听说过"西少爷"吗？西少爷是一个<u>中国</u>的快餐品牌，主要生产肉夹馍。肉夹馍是<u>陕西</u>的一种特色食品，你可以认为它是<u>中国</u>的汉堡包。喜欢吃肉夹馍的不光是<u>陕西</u>人，全国人民都喜欢。那么，在<u>加拿大</u>吃肉夹馍又是一种什么样的体验呢？

不少<u>加拿大</u>的网友已经成功体验到了。2021年，西少爷在<u>加拿大</u><u>多伦多</u>开了一家店，吸引了大量当地人前往，每天店门口都排着几百米的长队，连下雪天也能看见排着队买肉夹馍的人群。值得一提的是，除了爱好中国美食的顾客以外，多伦多最大的生活媒体也对这家新店做了专题报道。西少爷显然取得了成功，仅一家店的年收入就能达到500万美元，这个数字是星巴克的5倍，赛百味的12倍，并且超过了超级网红店Shake Shack的480万美元。

西少爷在加拿大受到欢迎并不奇怪，它从来不缺少关注，早在2014年北京开第一家店时就很成功，仅仅是一家小店，就创造了100天卖20多万个肉夹馍的纪录。西少爷在国外的Logo是"Bingz："。这个"："很大，是两个红色的圆圆的形状，一方面表示这种味道来自中国，另一方面也说明西少爷想和全球对话。

有意思的是，西少爷的老板 孟 兵（Mèng Bīng）并不是食品专业毕业的，他从西安交通大学自动化系毕业。毕业以后，孟兵在几家互联网公司工作过，是高级工程师。但是，他始终不能忘记家乡的肉夹馍，所以他下定了决心，要把肉夹馍带到全世界。首先，他学习了肉夹馍的传统制作方法；其次，在制作过程中，他应用了先进的理论知识，改进了方法，制定了标准的肉夹馍制作规范。他主张，要开发出西少爷的特色肉夹馍，才能保证西少爷受到顾客的欢迎。

在一次电视台的采访中，回答记者的提问时，孟兵说，最害怕的就是顾客说西少爷肉夹馍不好吃。他说，如果味道不好，那是根本问题，味道好才是保持优势最好的方法。顾客吃了西少爷肉夹馍以后，能够有一个好的评价，那就是西少爷最大的成就。

2014年，西少爷在北京成立，把陕西的肉夹馍带到了更大的舞台；2021年，西少爷肉夹馍走向了世界。不可否认，西少爷也存在一些问题，市场上也会出现不同的声音。但是，观念创新和技术改进是永远不变的成功经营的方法。"创新"从来都是中国人的民族精神，必然能带着更多的中国公司走向世界。

本级词

生产 shēngchǎn | to produce

特色 tèsè | characteristic, distinguishing feature

不光 bùguāng | not only

前往 qiánwǎng | to go to, to leave for

排 pái | to line up

人群 rénqún | crowd

专题 zhuāntí | special topic

显然 xiǎnrán | obviously

仅 jǐn | only

美元 Měiyuán | US dollar

超级 chāojí | super

奇怪 qíguài | strange

仅仅 jǐnjǐn | only, just

形状 xíngzhuàng | shape

食品 shípǐn | food

自动 zìdòng | automatic

化 huà | a suffix used after a noun or an adjective to turn the word to a verb, like "-ize, -ify".

互联网 hùliánwǎng | internet

应用 yìngyòng | to apply

理论 lǐlùn | theory

规范 guīfàn | standard

主张 zhǔzhāng | to advocate

提问 tíwèn | to questioning

根本 gēnběn | fundamental

保持 bǎochí | to keep, to maintain

成立 chénglì | to establish

舞台 wǔtái | stage

否认 fǒurèn | to deny

存在 cúnzài | to exist

创新 chuàngxīn | to innovate

必然 bìrán | inevitable

超纲词

品牌 pǐnpái | brand

肉夹馍 ròujiāmó | marinated meat in baked bun, Chinese hamburger

汉堡包 hànbǎobāo | hamburger

吸引 xīyǐn | to attract

星巴克 Xīngbākè | Starbucks

倍 bèi | times

赛百味 Sàibǎiwèi | Subway

圆 yuán | circular, round

练习

一、根据文章判断正误。

Tell right or wrong according to the article.

（　　　）1. 肉夹馍是中国的一种特色食品，只有在陕西才能吃到。

（　　　）2. 西少爷是一个中国的快餐品牌，在加拿大多伦多也有一家店。

（　　　）3. 只算一家店的年收入，西少爷超过了星巴克、赛百味和Shake Shack，取得了成功。

（　　　）4. 西少爷2014年在北京开了第一家店，创造了每天卖20多万个肉夹馍的纪录。

（　　　）5. 西少爷的老板孟兵是从西安交通大学互联网专业毕业的。

（　　　）6. 孟兵学习了肉夹馍的传统制作方法，然后开发出了西少爷的特色肉夹馍。

（　　　）7. 孟兵觉得肉夹馍的味道是需要注意的根本问题。

（　　　）8. 西少爷肉夹馍走向了世界，市场上的反应都是积极的。

二、选词填空。

Fill in the blanks with the words given below.

A. 前往	B. 生产	C. 否认	D. 主张
E. 创新	F. 奇怪	G. 提问	H. 特色

1. 西少爷是一个中国的快餐品牌，主要_____肉夹馍。

2. 肉夹馍是陕西的一种_____食品，你可以认为它是中国的汉堡包。

3. 2021年，西少爷在加拿大多伦多开了一家店，吸引了大量当地人_____。

85

4. 西少爷在加拿大受到欢迎并不_____，它从来不缺少关注。

5. 他_____，要开发出西少爷的特色肉夹馍，才能保证西少爷受到顾客的欢迎。

6. 在一次电视台的采访中，回答记者的_____时，孟兵说，最害怕的就是顾客说西少爷肉夹馍不好吃。

7. 不可_____，西少爷也存在一些问题，市场上也会出现不同的声音。

8. 观念_____和技术改进是永远不变的成功经营的方法。

三、根据文章回答问题。

Answer the questions below according to the article.

1. 肉夹馍是什么？

_____

2. 为什么说西少爷在加拿大开的店取得了成功？

_____

3. 西少爷在国外的Logo代表什么意思？

_____

4. 请你介绍一下孟兵的学习和工作经历。

_____

5. 西少爷经营成功用了哪些方法？

_____

练习参考答案

1 大学生村官

一、1. ×　2. √　3. ×　4. ×　5. √　6. ×　7. √　8. √

二、1. C　2. B　3. E　4. G、A　5. F　6. D　7. H

三、略

2 骑车游中国，探寻"中国梦"

一、1. ×　2. √　3. √　4. ×　5. ×　6. √　7. ×　8. √

二、1. D　2. C　3. B　4. A　5. G　6. F　7. H　8. E

三、略

3 网红主播副县长

一、1. √　2. ×　3. ×　4. √　5. ×　6. ×　7. √　8. √

二、1. F　2. H、B　3. A　4. C、G　5. D　6. E

三、略

4 跟中国人结婚的乌干达姑娘

一、1. √　2. ×　3. ×　4. √　5. √　6. ×　7. √　8. √

二、1. E　2. H　3. A　4. G　5. B　6. F　7. D　8. C

三、略

5 6208 级"爱情天梯"

一、1. ×　2. √　3. ×　4. ×　5. √　6. √　7. ×　8. ×

二、1. F　2. C　3. H　4. E　5. G　6. A　7. D　8. B

三、略

6 老师，你好！

一、1. √　2. ×　3. ×　4. ×　5. ×　6. √　7. √　8. √

二、1. F　2. D　3. A　4. C　5. H　6. B　7. E　8. G

三、略

7 西湖边的书吧

一、1. √　2. ×　3. √　4. ×　5. ×　6. ×　7. √　8. √

二、1. B　2. D　3. F　4. A　5. C　6. H　7. E　8. G

三、略

8 李子柒的自然生活

一、1. ×　　2. √　　3. ×　　4. √　　5. ×　　6. √　　7. √　　8. ×

二、1. H　　2. G　　3. A　　4. C　　5. F　　6. B　　7. E　　8. D

三、略

9 谢谢你，外卖小哥

一、B　E　A　C　F　D　H　G

二、1. E　　2. C　　3. A　　4. B　　5. G　　6. H　　7. D　　8. F

三、略

10 我在义乌当医生

一、1. √　　2. √　　3. ×　　4. ×　　5. ×　　6. √　　7. √　　8. √

二、1. F　　2. A　　3. G　　4. H　　5. D　　6. C　　7. E　　8. B

三、略

11 一孩，二孩，还是三孩？

一、1. √　　2. ×　　3. ×　　4. √　　5. ×　　6. ×　　7. √　　8. √

二、1. C　　2. E　　3. G　　4. A　　5. D　　6. B　　7. H　　8. F

三、略

12 一个人的冬奥会

一、1. √　　2. ×　　3. √　　4. ×　　5. √　　6. ×　　7. ×　　8. √

二、1. E　　2. H　　3. F　　4. A　　5. D　　6. B　　7. G　　8. C

三、略

13 女航天员王亚平

一、1. ×　　2. √　　3. ×　　4. √　　5. √　　6. ×　　7. ×　　8. √

二、1. C　　2. H　　3. E　　4. B　　5. A　　6. G　　7. F　　8. D

三、略

14 47 号塔上的男人

一、1. √　　2. ×　　3. ×　　4. ×　　5. ×　　6. ×　　7. √　　8. ×

二、1. F　　2. A　　3. H　　4. B　　5. G　　6. D　　7. C　　8. E

三、略

15 西少爷在加拿大

一、1. ×　　2. √　　3. √　　4. ×　　5. ×　　6. √　　7. √　　8. ×

二、1. B　　2. H　　3. A　　4. F　　5. D　　6. G　　7. C　　8. E

三、略

词汇表

版权声明

　　为了满足全球中文学习者的需求，我们在编写本套丛书时，对标《国际中文教育中文水平等级标准》，部分课文在已有文本的基础上稍作改动，以适应中文学习者的不同水平和阅读习惯。由于诸多客观原因，虽然我们做了多方面的努力，但仍无法与部分原作者取得联系。部分作品无法确认作者信息，故未署上作者的名字，敬请谅解。

　　国际中文的推广任重而道远，我们希望能得到相关著作权人的理解和支持。若有版权相关问题，您可与我们联系，我们将妥善处理。

编者

2023 年 10 月

图书在版编目（ＣＩＰ）数据

6208级"爱情天梯" / 于倩，吴亚编. -- 上海：
上海外语教育出版社，2024
（阅读中国·外教社中文分级系列读物 / 程爱民总
主编. 三级）
ISBN 978-7-5446-7682-3

Ⅰ.①6… Ⅱ.①于… ②吴… Ⅲ.①汉语—对外汉语
教学—语言读物 Ⅳ.①H195.5

中国国家版本馆CIP数据核字（2023）第074108号

出版发行：**上海外语教育出版社**
   （上海外国语大学内） 邮编：200083
电 话：021–65425300 (总机)
电子邮箱：bookinfo@sflep.com.cn
网 址：http://www.sflep.com
责任编辑：吴 为

印 刷：常熟市华顺印刷有限公司
开 本：787×1092 1/16 印张 7 字数 103千字
版 次：2024年3月第1版 2024年3月第1次印刷

书 号：ISBN 978–7–5446–7682–3
定 价：39.00元

本版图书如有印装质量问题，可向本社调换
质量服务热线：4008-213-263